JN436624

오늘의문학 특선시집

1962년 지원 입대, (군번 11065596), 1964년 까지의, 병영 시편

# 전선의 발자욱

김만기 시집

오늘의문학사

국립중앙도서관 출판예정도서목록(CIP)

전선의 발자욱 : 김만기 시집 / 지은이: 김만기. -- 대전 :
오늘의문학사, 2018
p. ; cm. -- (오늘의문학 특선시집 ; 68)

ISBN 978-89-5669-966-0 03810 : ₩12000

한국 현대시[韓國現代詩]

811.7-KDC6
895.715-DDC23 CIP2018038549

# 전선의 발자욱

■ 시집을 내며

첫 시집『전선의 발자욱』을 펴내며 때 떨리는 마음입니다. 중학교 3학년 때부터 고교 3학년 때까지, 문학의 뜻도 잘 모르면서 시집을 많이 읽던 시절이 생각납니다.

1961년 2월 25일 고교를 졸업 후 가정 형편이 어려워 대학진학을 포기하고, 1962년 9월 4일 군에 지원 입대하였습니다. 논산훈련소를 거쳐, 광주육군기갑학교 전차병 기본과정(EMBC225기)을 수료 후, 강원도 양구 남면 8전차 대대 제2중대에서 일병, 상병, 병장에서 1964년 6월 31일 하사관 임명과 동시에 경기도 포천군 초성리 제7전차대대 3중대 전차장으로 복무하면서 전국 규모로 시(詩) 펜팔을 하였습니다.

1966년 12월 3일 육군 보병학교 전입 후 단기사관 장교과정 교육이수로 1967년 3월 4일 육군 소위에 임관하였습니다. 25사단 217포병대대에서 근무 후, 진주육군항공학교 교육, 육군기갑학교 교육, 제1,2 기갑여단 사령부수송관, 전차중대장을 거쳐 1973년 3월 31일 전역하였습니다. 이후 1978년 7월 1일에 32사단 예비군 남일중대장 임명과 1982년 4월 1일에는 5급행정사무관이 되었습니다. 2006년 6월 31일 사무관에서 정년퇴임 후, 30년 동안 갖은 고생을 겪었습니다.

특히 1962년 9월 4일 훈련병에서 하사관 진급 후까지 제1 시집으로 묶어본 것이 『전선의 발자욱』입니다. 하사관에서 사무관에 이를 때까지 쓴 시를 묶어 제2시집을 발간하려고 합니다. 문맥이나 언어에 구애 받지 않는 감정의 표현이고 싶습니다. 시는 모든 사람의 것이라고 믿기 때문이지요.

다행히 글을 읽어 주시는 분들의 격려와 위로가 있어 20대의 젊은 청년들의 인내와 참을성, 투지, 꿈을 위해 첫 시집을 출판하기로 결심하였습니다.

제 삶의 모습에서 나를 발견하고 스쳐 지나간 이웃들을 회상(回想)하며, 하루빨리 조국의 평화통일을 글로 표현하고 싶었습니다. 동부전선에서 중부전선 서부전선에서 근무한 저는 〈하나님은 사랑이시라(요1서4장16절)〉는 이 말씀이 좋아서 존경하는 모든 것들을 사랑하며 살고 싶었던 마음을 알알이 주워 담는 심정으로 시를 엮었습니다.

해지는 아름다운 황혼을 바라보며 시성(詩性)을 감출 길 없어 적어 놓았던 글들, 혼자만이 간직할 수 없어 『전선의 발자욱』을 펴냅니다. 이 글을 읽는 분들도 잠재워져 있던 시성(詩性)이 다시 한 번 깨어났으면 좋겠습니다.

이 책이 나오기까지 헌신과 수고를 아끼지 않은 리헌석 선생님 손길에 감사드립니다. 읽어주신 모든 분께 감사드립니다.

2018. 11. 30

자유시인 김 만 기

## 1부 입대와 나의 결의



## 2부 기갑, 전차부대에서

## 3부 상병의 나날

## 4부 초병의 가슴

## 5부 어머니의 얼굴

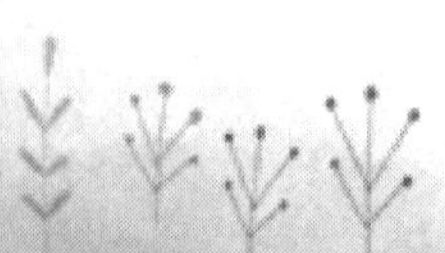

# 1부

## 입대와 나의 결의

## 입대

밥 짓는 연기 안개처럼 피어나던
우리 마을 진달래 산천을 뒤로하고
어머님 골 깊은 주름살 논길 따라
이른 아침 동구재 넘던 날
이 몸 군에 오던 날

아버님 하늘에서
장하다 우리 아들 손 흔드시고
어머니 이른 새벽 뒷뜰 감나무 아래
정화수 한 사발 정성스레 올리셨다.
그날따라 말썽 많던 우리집 누렁이도
꼬리를 주욱 내리고

먼 길 떠나는 아들에게 눈물 숨기시고
내손 꼬옥 쥐어 주시던
꼬깃꼬깃한 지폐 한 장에 묻어나던 사랑
어머님 사랑
"몸 성해야 한다." "그만 들어 가세요…."

돌아서 가슴 쫘악 펴고
더욱 큰 부모, 조국의 품으로
당당히 걸어 들어가던 날,
유난히 까치가 울어대던날,
이 몸, 군에 입대하던 날.

- 1962. 9. 4. (군번 11065596) 지원 입대

## 보내는 마음

바람조차 불지 않는
침묵의 들판처럼
넓게만 보이던 당신의 가슴
울타리에서 곱게만 자란
이 자식은 이제 나라를 지키려
당신의 품안을 떠났습니다.

떠나가는 이 자식 마지막 보내실 적
쏟아지는 눈물 대신 보이신 미소
뜨거운 눈물보다 더 가슴 시린
미소의 의미를 알기에
힘찬 남아가 되어
당신의 사랑을 받으려 합니다.

당신의 손에 닿지 않는 이 벌땅에
자식을 보내신 후 걱정과 안타까움에
조금씩 늙어 가시는 부모님
가끔 당신의 목소리를 들을 때
"엄마" 하며 어린아이처럼
달려가고 싶습니다.

날씨가 추워질 때 부모님 걱정에
내 눈시울은 뜨거워지고….
이런 게 진정 사랑인 것 같습니다.

- 1962. 9. 10.

# 초소에서

버려야 한다.
멀리 명멸하는 불빛들
지킬 수 있을까 움츠러든 가슴을 펴고
답답한 마음을
기다림에 지친 마음은 버려야 한다.

언제 올지 모르는 적들에 대하여
초소에 서서 불러보는 조국이라는 이름
이 땅의 남아로 태어나
자랑스럽게 불러볼 수 있다는 것 하나만으로도
가슴속 간질이는 그리운 이름들
잠시 접어 두어야 한다.

쏟아질 듯 별은 빛나고
차가운 바람만이 온몸을 휘감는 초소에서
나는 군인으로 다시 태어나야 한다.

- 1962. 9. 15.

## 떠오르는 얼굴

무심코 하늘을 바라보았다.
철모를 눌러 쓴 채 나선 초소에서
눈앞에 놓인 조국의 산하를 바라본다.
산을 넘어 유유히 떠도는 구름을 보았다.

내 젊음처럼 파란 하늘 속에
내 꿈처럼 부푼 구름을 보았다.
마냥 평온한 조국 산하의 이면에
내게 잊혀진 우리에게 잊혀진
젊음의 성난 울부짖음을 들었다.

이토록 푸르른 하늘 아래에서
젊음의 부푼 꿈들이 하나 둘씩
총칼 앞에 쓰러져 갔다.
그날의 한 맺힌 얼굴들을 보았다.

오늘 저 푸른 하늘 속에 떠도는
그들의 영혼에 고개 숙여본다.

- 1962. 9. 20.

# 겨울 강가에서

어린 눈발들이
강물 속으로 뛰어 내리는 것이
그리하여 형체도 없이 녹아 사라지는 것이
강은 안타까웠던 것이다.

그래서 눈발이 물 위에 닿기 전에
물은 바꿔 흐르려고
이리저리 자꾸 뒤척였는데
그때마다 세찬 강물 소리가 났던 것이다.

그런 줄도 모르고
계속 철없이 눈을 내려
강은 어젯밤부터
눈을 제 몸으로 받으려고
강의 가장 자리부터
살얼음을 깔기 시작한 것이다.

- 1962. 9. 25.

## 나의 결의

어디선가 아련히 메아리치는 소리가 들린다.
지금 내가 선 이 고지엔
아무것도 없는데
옛 전우의 숭고한 희생을 되새기며
눈감아 본다.

대지를 진동하는 함포소리
처절한 함성의 총성까지도
비참했지만 당당하였을
짓밟혔지만 굴하지 않았을 그들

이제 이곳엔 내가 있고
또 나의 전우들이 있으니
그대들의 생명과 바꾼 이 땅에
평화통일 다가올 그날
우리의 염원 백두산 정상에 올라
내 그대들이 찾아오기를 고대하겠노라.

- 1962. 9. 30.

# 사격장에서

노리쇠를 누른다.
은빛 무지개
장전 손잡이가
나를 깨운다.

가늠쇠 너머로
표적이 눈 뜨면

예리한 금속성이
귓가에 스민다.

타앙탕

내 소녀의 앙탈이
어깨에 머물 때

표적은 눈을 감고
나는 눈을 뜬다.

- 1962. 10. 5. (논산훈련소 사격장)

# 가을이 오네

파란하늘 저 곳에서 뭉게구름 불어올 때
가을이라 불러보네.

잠자리 꼬랑이 빨간 크레파스
파랑 물에 헤엄치며 즐거워하고
붉은 볼 아기마음 세상 모두 풍성해라.

여기저기 사람마다 사랑하는 가슴 불태우고
그늘진 사람들도 낙엽 삼아 위로하네.

우리네 힘든 역경 아버지의 한숨들이
파란하늘 풍선 되어 멀리멀리 날아가렴.

황금빛 논두렁에 허수아비 웃음칠 때
가을이라 부르련다.

짹짹이 참새무리 논밭에 숨바꼭질 하고
구슬땀 농부얼굴 그 속에서 술래하자.

여기저기 동네에서
오색 댕기 드리우며 춤을 추고
길가에 코스모스 덩달아 춤을 추네.

한낮의 고된 일, 땀방울도
꿈이라 생각하며 달게 잠을 잔다.

- 1962. 10. 10.

# 아침 점호

동이 트는 새벽
빰바라라 기상나팔 소리
매일 아침 나 자신을
꿈으로부터 깨우는 소리

얼룩덜룩 전투복, 시커먼 군화
은백색 군번줄, 짧은 머리카락
언제나 통일된 늠름한 아침의 우리 모습

장엄한 애국가 소리
우렁찬 군가소리
척척척 군화소리가
어둠을 물러나게 하고
빛을 가져온다.

우리의 새벽은 언제나
우리가 조국을 지키는
군인임을 일깨워준다.

- 1962. 10. 15. (논산훈련소 23연대)

# 내무실

대한의 젊은이들 모여
피와 땀을 흘리며
지내는 이곳 내무실

나라에 대한 사랑
젊은이들의 뜨거운 전우애
그 모든 것이 커가는 이곳 내무실

내 집과 같이
한 가족처럼 지내며
서로의 기쁨, 슬픔
함께 나누며

오늘도
우리 내무실은
사랑으로 가득 차 있다.

- 1962. 10. 20.

# 겨울 편지

겨울 문턱에 서니
쪽빛 하늘 더욱 선명해지고
저마다 잎들은 물들기 시작했다.

일년전
얼음장을 깨면서 훈련시킨 후
푸른 제복으로 씩씩하고 당당하게
내게 옷 입혔던 겨울

또 하루가 다르게 투철한
정신력으로 무성하게 잎 틔웠던
봄 그리고 여름

돌아보면
인내의 이야기가 주렁주렁 매달려
제법 탐스럽지만
잎 지고 난 가을 저 너머에
또 다른 추위가 기다리고 있겠지.

그렇다면 오거라
나는 오늘도 완전무장 이 기세로
조국을 지키리니.

- 1962. 10. 25.

# 꿈

논산 땅엔 서럽게 바람이 불고
비 맞은 땅엔 그대들의 발자국도 지워져 가는데
찢어진 비닐우산처럼
나풀거리는 우리들의 기억
봄비에 흠뻑 젖어 떨고 있구나.

꿈속에서도 방황하는 꿈
그곳에서도 보듬지 못하는 그대여
어느 길로 가야 마주칠 것인가.

별이 빛나는 밤에 바람은 창문을 흔드는데
소중한 이름
눈물 머금고 글썽이는 얼굴을
만나려 잠을 청한다.

- 1962. 10. 30.

# 퇴소식

그토록 기다리던 그날이 왔습니다.
어머니를 만날 수 있는 오늘을 바라며
고된 훈련도 잘 이겨냈습니다.

혹시 못 오시면 어떻게 하나, 이런저런 걱정 속에
어제 공들여 닦은 전투화를 한 번 더 바라봅니다.

드디어
가족들과 보고 싶은 사람과 만나는 시간
먼저 가족들을 만나 즐거워하는 전우들을 보며
순간 초조해지는 내 마음.

바로 그때
내 이름을 부르는 중대장
난 바보처럼 울음을 삼키며 중대장님께
경례를 하였습니다.

"어머님 안 오셨구먼."
"네, 연락을 안했습니다."
"알았어. 내가 축하하네."

이병 계급장을 달아주신 중대장님
자랑스러운 군인이 되겠습니다.

- 1962. 11. 3.

# 2부

## 기갑, 전차부대에서

## 지상의 왕자

지상의 왕자 전차가 달린다.
힘의 용사들만이 탈 수 있는 전차를
불무리 용사들이 탄다.

나의 손가락 한마디로
적군을 물리칠 수 있는 멋진 포수
어떠한 길이라도 달릴 수 있는
조종수가 있었기에
위험을 무릅쓰고 탄을 장전하는
탄약수가 있었기에
그리고 우리들을 이끌 수 있는
전차장이 있었기에

그들이 있었기에
나는 전차포를 쏠 수 있었다.
설레는 마음으로 포를 쏘았다.
긴장감이 넘쳤던 전차포 사격,
싸늘했던 겨울의 전차포 사격으로
앞으로의 내 인생에 자신감을 얻었다.

- 1962. 11. 06. 육군 기갑학교 EMBC225기 수료

# 산(山)

산이여!
나 이제 간직하고 돌아갔던
의문을 물어보고자 한다.

만나게 될 때 숨 가쁜
그대를 무등 타고 바라보는 대지
그리고 여명
무엇인가 가슴 벅차 오르지만
그게 무엇인지 알 수가 없다.

이 나라를 지키는 자여!
그대는 무엇을 원하는가?
내가 바라는 것은 오직 하나
조국 통일이라.

그럼 그대여 무엇을 준비했는가?
나 끊임없이 훈련과 훈련으로 준비한다.

그럼 그 준비에 대하여
그대가 보았던 조국을 기억하라.

끊임없는 민족정기로 밝은 태양을 맞이하는
새벽녘 설레임으로 조국 통일을 준비하라.

산이여! 내 다시 돌아올 때
간구했던 기쁨에 노래를 함께 부르자.

- 1962. 11. 15. 제8전차대 2중대 전차 중대 (천도리)

## 기갑민

새하얀 초소 등 너머로
은빛 별빛이 쏟아질 때
검은 그대 얼굴
붉어진 두 눈 위로 광채가 번뜩인다.

세찬 눈보라가 두 볼을 때려도
몰아치는 비바람이 눈앞을 가려도
부모, 형제의 자유를 대신해
머리에 얹은 군모인지라
그대의 양 어깨
조금의 미동도 없이 늘 곧기만 하구나.

고향 생각, 애인 생각에
고개 떨구는 순간도 잠시
이내 조국이 부르는 소리에
총대를 움켜쥐는 그대 두 손
아! 자랑스러운 그대 이름은 기갑민.

- 1962. 11. 20.

# 그리운 어머니

보고픔이 쌓이면 그리움이 되고
그리움이 쌓이면 눈물이 된다고요.
어머니 당신이 눈물겹도록 보고픕니다.
차디찬 겨울바람에 얼굴을 스치며
빠알개진 당신 얼굴로 아들을 안을 양이면
당신이 싫다고 뿌리쳤는데….
찬바람 불어와 내 얼굴을 물들여 놓으면
당신은 늙고 주름진 가슴으로
빠알간 내 얼굴을 보듬으십니다.

그리운 어머니, 주름진 어머니.
이제는 군인이 된 이 아들을
당신은 나를 위해 먼 땅 위에서
떠가는 달빛위에 눈물 지으며
주름진 손으로 기도하십니다.
그리운 어머니. 주름진 나의 어머니!
당신이 눈물겹도록 보고픕니다.

- 1962. 11. 25.

## 하나

모였습니다. 팔도에서 멋진 사나이들이
무엇이 우리들을 이곳에 불렀는지
처음엔 몰랐지만 우리 같이 생활하며
느낄 수 있었습니다.
왜 이곳에 모였는지.

우리 뭉쳤습니다.
이병에서 병장 모두 한 마음 한뜻으로
나는 지금 전투중이다. 이렇게 외치며
불평불만도 많았지만
훈련을 하면서 우린 뭉쳤습니다.

우리가 이루어 가고 있습니다.
전우애로 똘똘 뭉쳐서 조국의 통일을….
두렵지 않습니다. 그 어떤 적도
우리는 하나 되었기 때문에
조국이 하나 될 때까지
우리도 하나가 될 겁니다.

- 1962. 11. 30.

# 그대, 깨었는가!

그대, 들리는가?
상처 안은 조국의 한 맺힌 절규가
그대, 보이는가?
다시 서야할 역사의 외침이.

어제의 아픔이 눈물 되어 다가올 때
피 끓는 발걸음 조국을 향하고
젊음을 승화시켜
상처 서린 이 땅 위에
영원히 겨레 비출 불꽃을 세우리라.

그대, 느끼는가?
파도를 박차고 일어서는
태양의 주인임을
그대, 깨었는가?
이 나라 운명 안은 두 눈동자.

굳센 다리 이 땅에 딛고
이 땅의 정기 가슴에 품게
숭고한 가슴 꺼지지 않고

이 나라. 이 땅 비출 수 있게
그대, 깨었는가!

- 1962. 12. 5. (일병, 1962. 12. 3부)

# 그리운 그곳

옛 추억 같은
아득히 머언 기억 속으로
사라져 사라지는
침묵의 남쪽하늘이여!

동경 속에 자리 잡은
풀벌레 가득한 그 곳으로
이어져 이어지는
끝없는 남쪽 바다여!

그리운 그곳
까마득히 먼 기억
나의 고향이어라.

- 1962. 12. 10.

# 행군의 다짐

추억처럼 펼쳐지는
끝없는 아픔의 선물

시냇가에 맴도는 물고기처럼
잡을 수 없는 산의 물결들
어느새 무거워진 군장을
우리네의 집처럼 짊어지고
내딛는 미래에 희망으로
두 주먹 불끈 쥐고 앞으로 나아간다.

작은 몸뚱이 하나 으스러지더라도
그 곳과 손닿아 바람이
우리 앞에 온다면
넘보지 못하는 굳은 결의로
뭉쳐진 이 땅의 청년들이
반드시 이루리라.

그날까지
서로 손을 모아 지켜 내리라.

- 1962. 12. 15.

## 우리들의 길

지축을 울리는 거인의 기상
창공을 가르는 야수의 함성
가슴에 뜨거운 피, 용솟음 칠 때
대지를 박차고 길을 나선다.

검붉은 태양이 나를 녹여도
강철의 두 다리 쉼 없고
분단의 늪 한없이 나를 당겨도
가뿐히 즈려밟고 이 길을 간다.
젊음에 최고 패기의
두 어깨에 든든한 조국
천하를 호령하는 우리의 노래
운명을 함께하는 자랑찬 전우

무엇이 우리를 막을 것이며
무엇이 우리를 멈출 것인가
가는 길, 가야할 길, 우리들의 길,
위대한 겨레의 평화로운 길.

- 1962. 12. 20.

# 우리들의 얼굴

경계근무 다녀온 어둑한 밤에
잠이 깰까봐 조심조심 내무실로 들어선다.

그 곳엔 밤하늘의 밝은 별들처럼
빛나는 우리들의 얼굴이 있다.

달콤한 꿈을 머금은 얼굴.
고향을 그리는 얼굴.
내일을 준비하는 얼굴….
취침등 아래 밝게 빛나는
우리들의 얼굴이 있다.

젊은 청년의 당당한 기상을 담고 있는 우리
어느덧 내 얼굴은 희망이 부풀어 오른다.

밝게 빛나는 우리들의 얼굴 위로
조국의 앞날도 영원히 빛나기를
오늘도 기원해본다.

- 1962. 12. 25.

# 초병의 바람

무장의 숲속은 검기만 하고
북풍의 찬바람은 한강을 얼게 한다.

만감이 교차하는 남과 북의 경계선엔
끝없이 표류하는 통일의 여로
세상의 그 무엇도 영원한 것은 없고
흐르던 피도 언젠가는 멈추어진다.

어느덧 초병의 눈매는 북풍을 멎게 하고
희망이 찢어진 북녘의 찬 들에도
통일의 염원이 하얗게 피어나오기에
총칼이 묶어버린 동포의 언 손발을
나의 뜨거운 가슴으로 녹여 주리라.

- 1962. 12. 30.

# 끝없는 자애(慈愛)

서로가 원했던 만남이련가
땀 냄새와 체온으로 익숙해진
그런 만남이 되어버린 것인가.

누구에게도 물어 볼 수 없는
그대들의 질문은
허공을 울리며 저 멀리
익숙해진 체취를 지닌
큰 바다의 품으로 사라져 버린다.

고통이 크면 클수록 더욱 커져가는 빈 터
그것이 나의 고통을 이유 없이 받아들이는 것은
나로 하여금 안전하고 확실한
삶을 살 수 있게 하기 위함이리니
나에게 보내오는 끝없는 자애(慈愛)이었던 것을….

나는 바다를 향해 외쳐본다.
어머니! 어머니!

- 1963. 1. 5.

# 아침

아침이다.
풀잎 위에
근무자의 소총 위에
채 가시지 않은
새벽이슬이
차가운 기운을
더 식히고 있지만

군화소리,
함성소리
젊은 패기와 열기가
어느새
새벽공기를 가르고
새 아침을 연다.

- 1963. 1. 10.

# 병사의 밤

모두 잠든 밤
창밖으로 거친 비바람이 몰아친다.
그 속에서 들려오는 고요한 숨소리
병사들은 밤에만 들을 수 있다.
하루 종일 흘린 땀방울이
그들의 수면제가 되어
오늘도 내무실의 침상에서 수면을 취하고
아직까지 작업을 하는 비바람이
거칠게 창문을 흔들어 보지만
병사들의 꿈속엔
내일을 위한 휴식만이 존재한다.

비바람에 가려있는
어제의
병사들의 힘찬 군가소리, 땀방울 소리도
수면에 취한 병사들의 마음속엔
내일의 진군을 위한
힘찬 발 굴림을 하고 있다.

눈에 보인다.
서서히 등장하는 평화의 소리가
병사의 마음속에 진군으로 거듭난다.

- 1963. 1. 15.

## 내무반

하루를 여는 힘찬 기상 나팔소리
생동하며 힘이 넘치는 이곳
잘 정리 정돈된 모든 것들
따듯하고 끈끈한 정이 넘치는 이곳

모든 군인들의 보금자리
어머님의 포근함을 느끼는 여기

군인들의 피와 땀이 스며 있는 곳
우리들과 함께 있는 여기

모든 이들의 외로움 슬픔이 있는 곳
따듯한 전우애 웃음이 흐르는 자리

하루를 마치는 점호와 함께
모든 이들과 조용히 하루를 마치는 자리

내일을 위해 오늘도 끊임없이
도전하는 자리

-1963. 1. 20.

# 나의 어린 날을 마감한다

이것으로 나의 어린 날을 마감한다.
흐릿하던 나의 책임을 느끼고
내가 이미 커버렸음을 느끼는 것

나 혼자만의 내가 아니라는 것을,
조국을 사랑하고
뜨거운 전우애를 배우는 것을

내가 지금까지 사랑했던 모든 것을
다시 생각할 수 있는 것.
없어진 곳에서
다시 일어날 수 있는 것

나로서의 내가 아니라
조국을 위한 나를
깨닫는 것.

- 1963. 1. 25.

# 어머니

탄약고 안의 어머니
동그란 가늠쇠 사이로
보름달을 보았다.

복잡한 시장통에 앉아
아픈 허리 두드리시며
주름진 얼굴로도
환히 웃을 수 있는
어머니의 얼굴이었다.

푸르른 소나무 위
백로를 보았다.
얇디얇은 다리로
보따리를 이고
온 동네를 헤매는
그렇게도 하얀
어머니의 모습이었다.

시커먼 어둠 속에서도
밝게 빛나는 북극성을 보았다.

자식을 위한 삶에 지쳐
흘리시는, 그리도 빛나는
어머니의 눈망울이었다.

- 1963. 1. 30.

# 거듭남

누군가 전해준 종이 한 장
그 속에서 나의 미래가 기다립니다.

사랑하는 영혼
수많은 추억들을 뒤로 한 채
나는 미래를 향해 나아갑니다.

난
숲속에 혼자 울고 있는 아이처럼
미래를 향해 다가갑니다.

이젠 미래 향해
다른 나로 거듭납니다.

긴 진통을 통해
할 수 없던 소중한 것들을 느끼며
한창 더 성숙해 갑니다.
나의 곁에 어머니가 있는 것이 아니라
어머니 곁에 내가 서 있는 것입니다.

이제 또 다른 미래가 날 기다리지만
울고 있는 아이는 울음을 그치고
숲속을 헤치고 나오듯
난 미래를 향해 나아갑니다.

- 1963. 2. 1. 제 8전차, 2중대 포수(천도리)

# 검게 그을린 어머니 얼굴

어머니!
올해도 농사 짓느라고 수고 많으셨습니다.
이른 봄부터 모판 만드시고 볍씨 뿌리고
못자리 옮기시며 허리 한 번 펴지 못하시더니

어머니!
그 무더웠던 뙤약볕 아래서 수고하셨습니다.
새벽부터 병충해 방제하고 참새 쫓으시며
해질 때까지 이렇게 얼굴 상하고 검게 그을리시더니

어머니!
올해는 그 힘든 농사 무슨 생각하며 다하셨나요?
오로지 자식 잘 되기만을 바라며
묵묵히 힘든 일을 마다 않고 해내신 당신.

어머니!
지금쯤은 이 아들놈 잘되기를 바라시는 당신을
그리면서 다시 한 번 다짐합니다.
열심히 군생활 할 것을 말입니다.

- 1962. 2. 10.

# 어머니

나에겐 항상 변치 않는 이름이 하나 있습니다.
안개꽃 만한 작은 내 마음에
한 자루 촛불로 타 흐르는
희로애락이 교차하는 이 세상에
꺼지지 않는 불꽃 하나 되어 주는
그 이름 바로 어머니입니다.

때론 가시덤불에 당신의 몸 찢기어도
아픔을 생각지 않은 채
맑은 햇빛 받아 어린 나를 키우고
밤이면 노란별을 헤아리며 철없는 나를 재우던
그런 당신의 모습.

자만과 위선으로 가득찬 나에게
남을 사랑하는 방법을 가르쳐 주셨고
그 무엇도 가진 것 없는 나에게
용기와 희망을 가져다 준
당신의 따듯한 손길 뒤엔
뼈를 깎는 듯한 고통과
이어질 듯한 쓰라림이

자리 잡고 있었습니다.
참으로 왜소해 보이는 당신이지만
비바람, 폭풍, 눈보라가 몰아쳐도 우뚝 서 버티고
외로운 날은 솔바람과 갈잎으로 마음을 달래는
변한 없는 인내와 강인함이야말로
진정한 당신만의 아름다움입니다.

- 1963. 2. 15.

# 당신

애타는 마음 하늘에 닿아
그리운 얼굴은 별이 됩니다.
보일 듯 말 듯 구름에 가려
고향 향해 몸 다 누우니
아쉬움만 더해 가는데
이제야 철이 들어
글자 몇 귀 적어 보내려니
하고픈 말이 너무 많아
할 말을 잃습니다.
별이 내려와 어우러지는 이 밤
그 뜨거운 끌림 속에
끝끝내 흐르는 한 방울 두 방울
차마 감추지 못해
못내 고개를 숙입니다.
하루에도 몇 번씩
온 몸 부여안고 거세게 전진하는
저 열차처럼 그렇게 달려가
당신 머리맡의
작은 팔베개가 되어 드리고 싶은 마음
간절하지만

제게 주어진 이 총을
더 굳게 잡는 것으로
그리움을 대신하겠습니다.
오늘밤은 별이 무척 아름답습니다.

- 1963. 2. 20.

# 병영에서의 감상

난생 처음 어머니의 따듯한 품을 떠나 보았지.
백두의 새벽 시린 배 움켜쥐고 날갯죽지 찢긴 채
긴긴 여정 속에 모정을 찾아 헤매는 새처럼
나 또한 머나먼 방황을 느끼고….

내 나이 스물셋 만큼이나 자라버린
나의 작은 하늘 속에 내 자아와 본능을 묻고
내가 아닌 우리를 위해 오늘도 찾아야 한다.
그리고 사랑해야 한다. 가슴 깊은 곳에서 사무쳐 오는
때론 핏줄기의 터질 듯한 격함을 느끼게 하는
조국이라는 단어를….

내 고향 밤하늘에 별들이 아스라이 피어 있을 때도
모정을 느끼게 하는 바닷가 바람이
내 콧잔등을 스치더라도 그저 그리움만 심으련다.
그리고 함께 하련다.
젊음을 같이 불사를 나의 전우와 함께
모두가 하나 됨을 위하여, 조국을 위하여….

- 1963. 2. 25.

# 필승! 이등병

짧게 자른 머리 사이로
아직 눈뜨지 않은 여명의 찬바람 스쳐치면
이등병 모자 눌러쓴 눈썹 아래 빛나는 눈동자가 있다.

고요의 갈피 속으로 스며들다
공기 중의 안개로 흩어지는 온갖 상념들

차디찬 발끝에서 곧게 세운 허리로
칼처럼 모은 손날엔 필승의 신념이 총성진다.

누가 이들을 여기 이렇게 세워두었소?

조국 고향땅을 가슴에 안아
내 나라는 내가 지킨다는 뜨거운 맹세가
젊은 심장에 박동쳐 오른다.

- 1963. 2. 28.

# 이 자리

엄숙히 찾아드는 밤이슬 아래
이 한밤중에 아무 말 없이
마치 저산 중턱에 서있는 고목처럼
한 자루 총과 철모 탄띠로
몸을 둘러매고 고향에 계실 어머님과
사랑하는 친구들을 위해
무뚝뚝하게 서 있는 이 자리
이 자리에 서면 찾아드는 지난날.
삶의 모든 것을 생각하고
나의 항로를 다시금 되새기게 해주는
나만의 이 자리
어떤 시련과 아픔이 와도 이 자리에 서면
지난날 아름다운 향수로
서러움을 달래주는 참되고 아름다운 이 자리
오늘도 달빛과 별빛을 보며
이 자리를 굳게 지킨다.

- 1963. 3. 5.

## 힘찬 전진

통일을 향한 눈은 빛나고
미명의 밝은 빛은
가슴속에 피어난다.

굳은 결심은 위대함을 낳고
의지 강한 마음은
내 일을 창조하리니
커다란 꿈과 꿈은 실현되리라.

길가는 사람은 방향이 있고
일하는 사람에겐
목적이 있어
땀 흘려, 땀 흘려 내일을 거두리라.

- 1963. 3. 10.

## 연병장을 쓸면서

어둠이 깔리기 시작한 연병장
한 귀퉁이를 쓸고 있다.
아직 남아있는 군화소리 함성소리 낮게 쓸리고
나는 국기 강하식과 함께
서편에 젖어오는 노을과
낙하하는 음악에 귀가 젖고

어둠이 내리기 시작한
연병장 귀퉁이를 쓸며
잘려진 조국의 등허리 어디쯤 더듬는 것 같다.
애국가가 끝나고
하루도 저물어 텅 빈 연병장엔
다 이루지 못한 기억들

바람에 실려와 얼굴을 때리고
뿌연 먼지 되어 피어오르고
싸리비만 길게 놓인다.

- 1963. 3. 15.

# 찬바람

품안에 있을 때는 느끼지 못했던 사랑
품안을 떠난 지금에야
그 사랑이 얼마나 따스한지 알았다.

옷 속을 스미는 찬기를 느끼며
지난 시간을 떠 올리면 아쉬움만이
가득하다.

그날을 후회하기보다는
지금 주어진 시간을 사랑해야지.
찬바람 속에 더 생각나는
그 분의 얼굴과 사랑.

어머니
그분이 날 사랑한 만큼
나도 그분을 사랑할 수 만 있다면….

- 1963. 3. 20.

## 나 여기 서서

군자산 휘돌아 그 함성 멀어져 갈 때면
여명에 서리 내린
온 세상 은빛으로 눈이 부시다.

대 자유와 평화를 품에 안은
푸르디푸른 조국의 하늘 아래
나 여기 서서
가슴 벅찬 풍요를 느껴보다가도
어쩐지 고개가 숙여지고 마는 이유란….

역사의 갈피 속으로
묻혀진 이름 없는 영혼들
이 땅 위에서 얼마나 모진 고통의
땀과 피와 눈물을 뿌렸는가?

소용돌이 속에서도
꿋꿋이 조국을 지키기 위해
싸웠던 그들이 있었기에
나 여기 이 자리에 맘 편히 설 수 있으리.

천번 만번 지나도
받은 은혜 한량없고
이 육신 흐트러지고 긴 세월 지나
다시 태어난다 해도
이땅 지키기 위해
총 한 자루 짊어질 수 있는
조국의 아들 되리라 두 주먹 쥐어본다.

- 1963. 3. 25.

# 활주로에서

어둠이 채 가시지 않은 새벽녘
매서운 찬바람이
여민 옷깃 사이로 파고든다.

파란 불빛 속에
빠른 손놀림
비상을 기다리는 항공기 소음도
이젠
귀에 익은 게 심장의 맥박이 된다.

어제의 묵은 피로는
하얀 입김으로 피어올라
대기 속으로 사라지고

어느새 지평선 위로 밝은 동이 트고
나는
새가 되어 날아오른다.

- 1963. 3. 30.

# 부름 받아 여기에 섰노라

나 태어날 때
부모의 아들이란 이름 아래 태어났으되
지금 나, 조국의 부름 받아 여기 섰노라.
역사의 물결 거슬러 뒤돌아보노라면
굽이쳐 흐르는 험준한 물결 속에서
조국수호란 명명(明名) 아래
나 죽어 내 핏줄어린 산하 지키겠노라.
고함쳐 내닫는 소리
차가운 바람소리 녹이며
귓가에 아련히 들려오는
선열들의 부름 받아 여기 섰노라.

별빛에 묻혀 떠오르는
내 고향의 사랑하는 이들이여
한결같은 그대들의 바람 속에
조국을 지키는 초병 되어
여기에 섰노라.
낯선 전우들과 동고동락하며
일념에 찬 두 눈 부릅뜨고
대한 남아 뜨거운 정열 바쳐

조국의 부름 받아
자랑스럽게 여기 섰노라.

- 1963. 4. 25.

# 철모 안의 세상에서

나의 발걸음은 전선을 향하고
나의 그림자는 너를….
철모 너머의 세상을 위해
담 뒤로 몸을 숨기는 나를
거리에서 네 곁을 지나친 수많은 사람처럼
너는 잊겠지….

나의 시선은 기다림의 끝을 향해
한번쯤은 너도 기억해 낼 테니
나의 함성을 바다로부터….
나의 가슴을 태양으로부터….

난 알고 있어.
너의 희미한 의식 너머로부터
나를 기억해 왔음을
나를 믿고 있음을….

- 1963. 4. 10.

## 또 다른 하루를 열며

낯선 듯 눈에 익은 녹색 모포를 개며
또다시 시작하는 원점이 조금은 빗겨 그려짐을
같은 듯 또 다른 군인의 하루

햇살이 눈에 따가워
창에 반사되어 비치는 미묘한 광선은
계절이 지나고 위치를 바꾸며
그렇게 또 다시 돌아오는 원점을 아는가!

아침점호
졸린 눈 비비며 줄 맞춘
따사로움이 있어서 포근한 햇빛
고향 향해 마음 돌려 고개 숙인 고향 예배엔
부모님, 형제들 사랑하는 사람들의 건강을 빈다.

황량한 들판이 이어져
부는 바람이 더욱 쓸쓸한
오늘 받을 훈련을 위한 행군에 이는 먼지 쌓이고
떠오르는 사람들의 모습을 숨긴 전나무는
찬바람에도 더욱 슬프게 운다.

그러나 하루를 멈출 수 없는 건
나의 사랑하는 조국이
거기에 있기 때문이다.

- 1963. 4. 15.

# 은행나무의 전설

처녀 귀신의 전설을 품은 초소 앞 은행나무
두려움과 설레임으로 어둠을 밝히는
초소 앞 이등병 초병

은행나무의 푸르름은 그의 젊음을 노래하고
바람결에 일렁이는 달콤한 속삭임은
그의 사랑을 달랜다.

두 번의 첫눈을 밟은 초병
은행나무의 전설을 노래한다.

- 1963. 4. 20.

# 우리는 할 수 있다

태양은 어느새 자취를 감추고
어둠과 나만이 공존하는 시간이다.

끝없이 불어오는 거센 바람은
나의 몸을 뒤흔들고
한없이 내동댕이치는 영향의 온도는
어느새 나의 손과 발을 얼어붙게 한다.

꼬리에 꼬리를 문 사천리의 계단도
언제나 나의 숨통을 조여 오는
가파른 언덕도
우리를 막을 순 없다.
몇 번이고 군화 끈을 고쳐 매어보는
후임병의 얼굴에서
탄띠와 소총을 둘러맨
선임병의 모습에서
우린 할 수 있다는 자신감을 엿볼 수 있다.

총을 든 나의 거친 손에
사랑하는 부모님과 조국이 있다.
부모님과 조국을 위해
오늘도 전진, 또 전진이다.

- 1963. 4. 25.

# 투지

눈꽃으로 뒤덮인
세상을 녹이기 위해
함성과 함께
우리는 일어선다.

청춘의 불타는 혈기는
하얀 입김으로
승화되고
힘찬 구호와 패기는
선명한 땀방울로
승화된다.

끊임없는
우리의 투지는
눈꽃이 흘러
세상을 적실 때

비로소
최강이 되는 것이다.

우리의 나태한 모습은
이제 눈꽃으로
뒤덮일 것이다.

- 1963. 4. 30.

# 비전

새벽이슬은 빛을 바라보는 희망을
멈추지 않습니다.

새벽이슬은 자신의 모든 것으로 세상 만물을
촉촉이 적셔 줍니다.

새벽이슬은 캄캄한 어둠속에서 피어나기에
아무도 그 존재를 알아주는 이가 없습니다.

빛이 환하게 비칠 때면 새벽이슬은
행여 자신이 드러날까
흔적도 없이 증발해 버립니다.

그러나 또다시 어두움이 닥치면
새벽이슬은 성실함으로
또 다시 나타날 것입니다.

누군가의 주린 목을 축여 주다가
어느덧 해 떠오르게 되면
새벽이슬은 소리 없이 사라질 것입니다.

-1963. 5. 5.

## 고향 가는 철마

철책 밖
철마의
기적소리
고향 간다 한다.

기다려라 철마야!
우리 같이 가자.
내 고향으로

어서 가자 철마야!
사랑하는 어머님의 따듯한 품속으로
힘차게 달려라 철마야!
깊은 숲 거친 들을 헤쳐 나가
길고 긴 어둠이 터널을 뚫고
우리 함께 가자 철마야!

이 한 몸
실을 자리 없다면
나의 그리움만이라도
싣고 가주렴.

부탁하마! 철마야!
내 고향역 지나갈 땐
내 그리움 내려주렴
철마야!
내 여기서 너의
쾌주를 빌어 주마.

- 1963. 5. 10.

## 제 2의 철책선

스물하나 젊음을 사르는
이곳은 제 2의 철책선

둘러보면 남해바다 수평선
잠시 고향바다 생각도 난다.
평화롭고 낭만적으로 바라보았던 고향바다

하지만 이젠 더 이상의 에메랄드빛 향기로
다가오지 않는다.
백척 가까운 선박도
있을 수 있는 적 침투도
그래 이곳은 붉은 바다
수평선 넘어 피어오르는
담배연기 사이로
찢겨진 조국반도가
부끄럼으로 다가선다.

날아가는 연기처럼
철책선도 사라진다.
나 이제 "조국을 위해 무얼 했느냐?"는

물음에
"조국을 위해 여기 서 있다."고
말할 수 있다.
여기! 꺼지지 않은 눈빛으로….

- 1963. 5. 15.

# 내가 걷는 이 길

내가 걷는 이 길
대한의 아버지와
그 아들들이 이미 걸었던 길
그 추억의 발자취 따라
나도 따라 가야할 길
내 인생의 광활한 고속도로에서
전진해야만 하는 고귀한 길
통일이란 종착역 위해
물러설 수 없는 길

어둠에 묻힌
적막 속을 지날 땐
때론 고독과 절망이
가로 막지만
밤 지나
어느덧 찾아오는 아침엔
충성과 필승의
전투화를 신고
우리는 오늘도 힘찬 첫 발을 내디딘다.

- 1963. 5. 20.

# 초소의 밤

흑막 같은 어둠을 밝히며
근무지로 이동한다.
설익은 까만 눈동자로 앞을 더듬고
떨리는 귓바퀴로 바람소리를 담는다.

흐릿하게 비치는 달빛에
그리운 얼굴들이 흐르고
풀벌레 소리가 사방에서
그리운 상념들을 불러 세우면
긴장된 뜨거운 피로 졸음을 쫓는다.

어둠이 겹쳐지고
별이 하나 둘 스러지면
새까만 시선은 날카롭게
사방으로 꽂히고
이름 없는 새가
한밤의 고요를 깨뜨릴 때
굳게 다문 초병의 입김 사이로
초소의 밤이 깊어간다.

- 1963. 5. 25.

# 우리들의 이야기

우리는
아름다운 조국이 있고
포근한 집이 있고
우리들의 평화의 이야기가 있다.

너의 이야기
만남의 이야기
가슴에서 가슴으로 전해져

낮과 밤이 항상 평화가 있듯이
우리의 손과 손이 하나가 되듯이
우리 모두가 아름다워라.

우리의 모든 일이
샘물이 되고
평화의 꽃이 되고
바다가 되어
드디어 태양 같은 거울이 되리라.

- 1963. 5. 30.

# 3부
## 상병의 나날

# 기상나팔

아침의 여명을 깨우는 은은한 기상나팔 소리
긴 밤의 정적을 물리치고
때론 강하고 때론 경쾌하게
가슴속을 파고드는 힘찬 메아리

기상나팔 소리에 빛나는 눈동자 하나 둘,
절제된 행동 하나하나에 깃든
넘치는 패기와 젊음

이글거리는 눈빛 하나하나에는
광활한 대지와 태양의 기운을 담고
조국의 수호를 맹세한다.

심장의 박동처럼 친밀하게
우리의 곁에 머물러 있는
기상나팔 소리에 적막한 내무실은
어느덧 활기찬 생명의 공간이 된다.

그 무엇을 위하여 그 누구를 위하여
오늘도 내일도 변함없이

힘차게 울려 퍼질 기상나팔 소리 속에
조국의 안녕과 가족의 행복을 빌어 본다.

- 1963. 6. 5. (1963. 6. 1. 상병)

# 행군

요란한 발자국 소리가
동을 틔운다.

아직 상기되지 않은 하루의
우렁찬 함성과
매서운 바람소리는
이 나라의 기상을 이야기할수 있으리라.

온 몸이 녹아들고 부서질지라도

이 나라의 남아로서
우뚝 솟으리라.

오늘도 나는 간다.
통일의 그곳을 찾아.

- 1963. 6. 10.

# 진급 휴가

노모는 들떠서 하루 종일 부산이다.
삼십리 금산장터 쇠고기 반근
아껴둔 시래기에 김이 모락모락
손수 잡은 씨암탉은 장남아들 좋아하는
닭백숙이다.

급한 맘, 굼뜬 손으로 정지소리 마치고
기차는 아직인데 동구에 섰다.
"웬놈의 눈이 이리 많이 온다냐.
길 미끄러운디…."
섣달 엄동바람 야윈 몸을 스며도
장남아들 걱정이 저만치 앞선다.

동구 밖 신작로로 장남아들 보이고
행주치마, 언 손으로 얼싸 안는다.
"단결! 상병 김만기. 진급 휴가 나왔습니다."
"에이구, 내 새끼…. 부쩍 커 부렀네!"
이미 눈 그치고 보름달 환하니
따스한 불빛이 동구에 넘친다.

- 1963. 6. 15.

## 우리의 염원

내가 서있는 이 땅
손 내밀면 잡힐 듯한 저 곳
하지만 갈 수 없는 곳
가만히 고개 들어 하늘을 바라본다.

저녁놀이 곱게 커튼을 드리우고
이글거리던 태양이
붉게 홍조를 띄며 저편으로 숨어 버린다.

언제쯤일까….
아이야!
언제쯤이면 저 태양을
잡으러 갈 수 있을까?
아이의 침묵 속에
초롱초롱 빛나는 눈동자만이 대답한다.
그날은 반드시 온다고….

- 1963. 6. 20.

# 조국

요란한 기상 사이렌 소리에
새로운 아침이 시작된다.
기상, 기상!
지친 몸을 일으켜 옷을 입노라면
네가 그리워진다.

강렬한 태양
떨어지는 땀방울
지친 어깨 위로 함성소리 울리고
피어나는 먼지 속에
너를 찾아본다.

외로움 짙은 밤이 찾아오면
오늘을 잊어버리고
희망찬 내일을 생각하면서
우린 너에게로 달려간다.

- 1963. 6. 25.

# 다시 부르는 노래

저항하리라.
숨 막혔던 그 날이여
영산에 올라 까치 울게 서럽도록 부르리.

이루어질 내일에 목숨을 걸었다.
저쪽 후미진 강기슭
불쌍하신 우리 할메
지금도 꿈속에 가끔씩 부르리니
휘영청 달빛에 저어

새롭게 부르자
타협하지 말지니
죽어도 부르리.
자유의 개천을 찾아서

좁은 곳이라 들썩거린다.
커다란 아우성이 더 큰 몸부림을 만든다.
이젠 더 결연히 외치리라.
대한독립만세.

- 1963. 6. 30.

# 내 후임병의 향기

굳은 표정 속에 감춰진 아픔이 있다.
저녁노을 보며
눈물로 삭여야 할 아픔이….

처음 전입은
바보 같은 표정의 내 후임병
맑고 순수한 눈빛이 너의 향기였다.

어느 날 수줍게 애인 얘기를 꺼내며 짓던
너의 미소는
세상 모든 것이
너의 들러리처럼 보였다.

시간이 흐를수록
변해가는 너의 표정
애인한테 전화 하고난 다음부터이었구나.
걷잡을 수 없이 일어나는 가슴속의 바람

천년의 생각을 하루 만에 하고
새로운 다짐과

희생의 각오로 굳게 다문 입은
숨겨진 아픔을
다 감추진 못했지만
너의 향기가
너무나도 아름답구나.

- 1963. 7. 5.

# 초병의 여명

어느 날 오후
산줄기를 타고 황혼이 흐르는
일만 이천 봉 금강산을
한폭 한폭 눈 속에 담아
구름바다를 헤엄쳐
백두산까지 가고 싶습니다.

천지를 가득 채운
7천만 겨레의 소망이
다시 압록강으로 흐르고
온 산하에 지천으로 피어오르는데
서러움에 북받친 태양만
미명을 뚫고 또 다시 일어섭니다.

적막을 가르고 깨어난 초병은
뜻 모를 그리움에 젖어
오늘도 기꺼이
한없이 짙은 어둠을 말없이 지켜 갑니다.

– 1963. 7. 10.

# 아침 구보

뼈와 근육이 맞부딪히는
경쾌한 소리가
우리의 정신을 깨우치는 상쾌한 아침.

새벽 여신에게 그대의 존재를 알리듯
간밤의 모든 잡념을 떨치듯
오늘도 힘찬 함성으로 하루를 신고한다.

아침 이슬이 채 마르기도 전에
그대의 땀방울은 더욱 영롱하게
발자국마다 아로 새겨지고
조국의 힘찬 동맥이고자 하는 우리들의
뜨거운 혈류 속에
애국의 기상이 용해되어 간다.

새벽 냉기로
우리의 몸을 다듬질하는 이유는
머리는 차게
심장은 뜨겁게 하기 위함이며
우리들의 거친 숨결이 일치되어 갈 때
우리는 하나임을 깨닫는다.

- 1963. 7. 15.

# 어머니의 수술날

1942년 1월 5일 화요일
당신의 그 뜨겁던 양수로
날 낳이 길러준
뜨거웠던 고마움도 포근했던 사랑도
오늘만큼은 날 초조하게 하는
안타까운 슬픔을 자아내게 합니다.
사십 인생,
고생으로 멍든 당신의 육체.
투명한 마취제에 회복의 눈을 감고
수술실로 향하는 무표정의 그림자.
그리고
어머니의 모습을 묵묵히 지켜보는
기도하는 마음의 군복 입은
한 아들.
밖엔 비가 내립니다.
내 마음인 듯
소리 없이 침묵으로 내립니다.
벽시계의 초침소리도 버릇처럼
손이 잡힌 하얀 담배연기의 날리움도
모두 날 위로하지만….

- 1963. 7. 20.

# 어머님께 바치는 독백

자랑스러운 군인으로 태어나는 퇴소식 오후 무렵
고열로 의식을 잃어가는 나약한 내 모습
조국을 등에 지고
젊음의 혈기를 내 뿜고 싶던 나의 소망
그 절망의 찰나에 어머님의 눈망울이 글썽였다.

그토록 무뚝뚝한 남동생의 눈가에도
이슬이 맺혔다.
그 속에서 느꼈다.
고통과 환희의 교차를. 고독과 사랑의 경계를….

주름진 어머님의 눈가에 비치는 노을의 햇살
난 그 햇살의 미(美)보다 주름의 미학을 배웠다.
자식 키우시느라 희어진 머리카락에
난 백(白)의 미학을 배울 수 있었다.

젊어진 군장을 힘겹게 메며 흘리는 땀방울 속엔
언제나 웃고 계신 어머님의 그윽한 미소.
나를 지금까지 버티게 한 원소를 찾아냈다.
그 뜨거운 사랑과 애정의 바다를.

그 바다를 떠 올리며 오늘도 조국을 떠 올린다.
어머님의 그 절박한 사랑을
이제는 조국애로 환원한다.

지금도 군에 간 아들을 걱정하시며
눈물 흘리시는 모습을 그리며
하루를 접는다.

- 1963. 7. 25.

# 어머니의 호미

마시면 뒷골 당기는
주전자 샘물도 미지근해졌어요.
엄마 언제 갈래요.
가까이 내려와 풀섶에 숨던
장끼도 깃든지 오래구요.
엄마 엄마 언제 갈래요.
아까 두 고랑
지금도 두 고랑 남았다니요
해 뜨면 다시 내주겠다고
산은 햇살을 거둬들인 뒤
산그늘로 엄마를 물들였어요.
보세요. 보드란 삐비 다 뽑아먹고
성긴 것만 바람이 날려요.
먹어도 허기는 남아
엄마 엄마 언제 갈래요

아궁이에 솔가지 불지펴

지금 가면 언제

직각자로 굳어진 허리 지지려고요

지지지 못하면 새벽 맡에

호미 들고 어떻게 발 딛겠어요.

엄마 엄마 이제 정말

물렁뼈 다 녹기 전에

무릎 펴시는 거예요.

- 1963. 7. 30.

# 엄니 마음 자식 걱정

강원도 어느 산골 고생한다! 내 아들.
비가 오면 비를 맞고 눈이 오면 눈을 맞고
시린 손발 마주 잡고 통일 기도 하여 본다.
그래그래, 내 아들아 통일 기도 하여 다.
힘들다. 생각 말고 조국 위해 일 다 해라.
조국 위해 네가 있고 네가 있어 조국 있다.

바람 불면 춥지 않나 해나면 덥지 않나.
이런 마음 헤아려서 조국 위해 있어다오.
위국 충성 딴 것이냐. 견마지로 충성이지.
부모효도 딴 것이냐. 튼튼 건강 효도지.
군인 되어 건강하면 그것보다 무엇 있냐.
안 그러냐? 아들아 장한 내 아들아.

엄니 엄니 우리 엄니 내 걱정에 오매불망.
자식 위해 일하느니 느는 것이 주름살.
이제 너무 걱정 마소, 군대 와서 어른 됐고
군인 되어 패기만만 엄니 이제 걱정마소.
마음으로 효도하고 제대하면 모시리라.

자랑스러운 엄니 아들. 이곳에서 어떠한지.
지지난 가을밤에 무장공비 침투 적에
어깨에 총을 메고 온 산을 누비었소.
조국혼란 야기하는 나쁜 놈들 다 잡으려
밤이 낮이 되도록, 낮이 밤이 되도록
뛰고 뛰어 다녔소! 어떤 전우 다치고
조국 위해 분기탱천 젊은 청춘 불사르고
배고픔도 마다않고 슬프도록 즐기었소.

그런 아들 있은 후에 고향 안녕 있는 거지
나의 아들 이곳 있음 무척이나 당당하오.

- 1963. 8. 5.

# 어머니

파아란 하늘을 보고 있노라면
구름 사이로 환하게 스쳐가는
어머니의 미소
우리들의 뒷바라지에 힘겨우신 듯
그 곱던 얼굴에는
하나둘 삶의 흔적이 늘어나고
가냘픈 손은 내가 자란 만큼이나
미워졌습니다.

어린아이처럼 흰머리가 자꾸 늘어간다며
투정 섞인 푸념을 늘어놓으시던 어머니
일터에서 돌아와 피곤하다시며
곤히 잠드신 어머니의 모습을
생각하고 있노라면
아직 반도 채워드리지 못한
너무 작은 나의 사랑에 머리 숙여집니다.

- 1963. 8. 10.

# 어머니

당신의 이름을 나지막이 불러 봅니다.
그러나 어색하기만 합니다.
해를 싣고 떠나신 지 일 년 삼백육십오일이
열두 번 지났어도
그 간에 당신의 이름을 단 한 번도
부르지 못했습니다.

제 마음대로 떠들어왔던 살이들이
너무나 안타까워 먹지도 못하는 소주를
무덤도 없이 구천을 헤매이실
어머니 당신을 위해 마십니다.

무덤도 없이 떠도는 당신이지만
어머니는 농속에도 계시고
부엌이나 장독대 시장 구석구석
어물전에도 계시어 손끝에 묻은때를
빛내주고 계십니다.

살면서 멀어질 줄 알았던
콩댐한 장판같이 바랜 당신의

마지막 모습은
이승과 저승의 다리를 만듭니다.

한(恨)만 가득 안은 채
떨어지는 낙엽처럼
바람에 흩날려 버린
어머니
그러나 언제까지라도
이 세상 끝나는
그날까지 영원히
당신을 사모하겠습니다.

- 1963. 8. 15.

# 면회 오던 날

어젯밤 꿈결에 밀려오던
어머니의 고운 목소리
무언가를 들고 뒤뚱거리시는
아버님의 발소리
기상 나팔소리에 설레이는 마음
가슴에 품고 눈을 뜬다.

잠든 새벽 먼지 헤치는
병사들의 군화소리 맞춰
정답게 지저귀는 까치 한 마리
고개들어 파란종이 아래
고향을 그려본다.

내 마음의 설렘은
헐떡이는 병사의 미소로 전해오고
내 발은 풀려진 군화 이끌고
위병소로 달려간다.

어머니!
씩씩한 군인 아들 지금 갑니다.

여동생
예전에 알지 못한 가족의 소중함
당신의 크신 사랑 배웠습니다.

- 1963. 8. 20.

# 어머니의 면회

어머니! 이 시간이 지나면 당신을 뵐 수 있기에
아침 구보는 푸른 정기 머금은 듯 상쾌했죠.
늠름한 아들 보여 드리려
잘 다린 군복과 빛나는 전투화.
약간의 떨림 안고 거울 앞에 서봅니다.
전투모 눌러쓰고 당신께 가는 발길 촘촘히
따사로운 햇살이 함께 해 주었어요.

어머니! 오랜만에 뵌 당신은
너무나 수척하고 늙으셔서 가슴 뭉클했어요.
아들 군대 보내고 매일 같이 기도하셨을
거친 당신의 두 손을 살포시 잡고서
속으로 한없이 울었답니다.

어머니! 너무나 짧았지만 소중한 시간이었어요.
따듯하고 포근한 당신 품에서
참으로 오랜만에 해맑게 웃으며
거룩한 사랑의 의미도 알았습니다.

돌아가시는 차창 안에서
눈물을 훔치시는 당신을 바라보면서
더욱더 강해지자 다짐했습니다.
제가 지키는 조국 안에서
사랑하는 어머니가 평화로이 사셔야 하기에….

- 1963. 8. 25.

# 아버지

코흘리던 유년시절
당신의 두 어깨는 태산도 질 수 있었는데
당신의 미소는 삶의 안식을 주었는데
철모르던 사춘기 시절
문득 당신의 처진 어깨를 내려 보지만
당신의 침묵엔 주눅이 들었습니다.

취침을 알리는 나팔소리가 울리는 이 순간
당신이 짊어진 제 짐들을 거두려 합니다.
그래도 남을 당신의 짐에 고개를 숙이며

언젠가 다가올 미래엔
당신이 가르쳐준 사람을 가슴에 새기고
보다 큰 사람으로 대 물리려 합니다.
사랑합니다. 아버지.

- 1963. 8. 30.

## 해안 경계

저녁 9시 군장검사를 마치고
갯벌 둑 길 철책 따라 우리는 근무지로 향한다.

걷기도 힘들고 어려워 보이지도 않는 기둥,
믿음직한 선임병이 있기에 마음 든든하다.

긴장 속 그 긴 시간 기동 후 도착한 곳.
백년거지 소초.
SLUGO로 전방관측에 주력한다.
너무도 조용하고 한적한 분위기
수많은 생각과 상상에 잠긴다.

사회에서의 지난날. 힘든 고민들.
앞으로의 미래에 대해
이 모든 것을 선임병과 이야기 하며 푼다.

근무를 마치고 땀에 흠뻑 젖은 찝찝함을
선임병과 등 밀어가며 함께 씻는다.

시원한 샤워 친형제 같은 느낌
나는 이 시간이 좋다.

- 1963. 9. 5.

# 산 너머 그곳

산 너머 그곳
산 너머 그곳에는
어머니가 있지.

떠나올 때 손 흔들며
눈물을 훔치시던 어머니,
산 너머 그 곳에는
여동생과 남동생이 있지.
떠나올 때 거칠어진 두 손으로
나의 손을 꽉 잡아주신 아버지,
산 너머 그 곳에는
나의 조국이 있지.
강한 남자 강한 아들로 만들어진
나의 조국이 있지.
산 너머 그곳에는
내가 있지.

내가 지키지 못하면
그 누군가 나서겠지.

내가 지키지 못하면
그 누구도 지키지 못한다는 각오의,
조국의 아들이 있지.

산 너머 이곳에서
나는 다시 태어났다.
조국의 강한 아들.
기갑의 용사로….

- 1963. 9. 10.

## 조국을 위한 삶

매서운 샛바람이
불어오는 이 겨울
새벽별 끝자리에 총 끝을 맞춘다.
철모 끝자락에 비치는
산등성이 주홍빛 물들이며
솟구치는 일출을 보며
살며시 두 눈 감는다.

그리운 이들과의 떨어짐
그렇게 알게 되는 그들의 소중함

동강 난 조국의 최전방에 선 나
이렇게 느껴지는 조국의 소중함
이 소중함을 알기 위해
풀색 짙은 전투복 입고
여기에 섰다.
손끝이 시리고 발끝이 얼어붙어도
조국 위한 마음에
가슴만은 불타오른다.

- 1963. 9. 15.

# 통일이 되는 그날까지

늦은 저녁
잠에서 깬 장병들의 입김이 밤공기를 가르고
차가운 총과 장비를 어깨에 둘러맨 채
근무지를 향해 무거운 발걸음을 내디딘다.
어두운 경계호 속에서 유난히 빛나는 눈빛들
왜 여기에 있으며
무엇을 위해 이런 일을 하는지
고요한 적막 속에서
그들의 머릿속은 수많은 생각이 교차된다.

저 멀리 불빛을 내뿜는 금강호만이 아닌
모든 배들이 남과 북을 오갈 때까지
그때까지는 누군가 이 일을 해야 하기에
우리는 차가운 총을 두 손에 쥐고
여기에 있음을 알고 있다.

파도소리와 바닷바람에 온몸이 익어갈 무렵
서서히 해가 바다를 붉은 빛으로 물들이고
다시 모래밭을 밟으며 돌아오는 장병
한반도에서 철책이 걷어지는 그날을 기다리며

내일도 두 손에는 총이 쥐어져 있겠지.
어두운 곳에서 사방을 살피겠지.

- 1963. 9. 20.

## 영원한 조국 우리의 산하

내가 지금 쓰고 있는
둥근 철모에 스며있는
수많은 옛 이슬의 자취.
내가 지금 품고 있는
소총 곳곳에 묻어있는
수많은 옛 전우의 손길.

먼지 속에 뒹굴었던 유격장에서
그 언젠가 아버지가 훈련받았고
여전히 그대로일 유격장에서
먼 훗날에 내 아들이 훈련을 받을 것이고
반만년을 굽어보는 저 하늘 아래
유창하게 흘러가는 겨레의 물결
아버지와 형제들의 지켜온 산하
이렇게 변함없이 나를 보고 있다.

아픔으로 끊겨 버린 민족의 발길
그 슬픔을 이제 그만 물려주고자
기쁨으로 푹 눌러쓴 둥근 철모와
당당하게 들고 있는 든든한 소총

내 아들은 분란 없는 유격장에서
기쁜 함성 자유롭게 지를 수 있게
눈 내리는 새벽에도 떨림이 없이
잠든 산하 바라보는 따듯한 가슴

- 1963. 9. 25.

# 어느 병사의 독백

고된 일과 후
노송이 베풀어 주는 휴식의 자리에서
담배연기 한 줌 내뿜으며
저녁하늘 어슴푸레 흩어지는
검붉은 석양을 바라볼 때면
그 모습
항상 구수하게 웃으시던
아버지의 얼굴 되어
내 눈 속에 젖어오네.

언제나 힘들었다고 얘기하셨네.
소주 한잔 들이킬 때면
언제나 고통스러웠다 얘기하셨네.
하지만 웃으셨네.
찡그린 얼굴의 아버지 모습 난 볼 수 없었네.
내 나라 내 가족.
내가 지켰다는 자부심 서리어 계셨네.
하지만 그땐 몰랐네. 그 의미
이제 이해할 수 있는 나이가 되었건만
그 모습 간데없고

사진 속의 얼굴만 남아
내 가슴 여미게 하네.
그래서 이곳에 왔네.
먼 훗날.
내 아들에게 자랑스레 얘기할 수 있기에.
그것이 내가 여기 서있는 이유라네.
그땐 내가 너무 어렸었기에.

- 1963. 9. 30.

# 타향의 밤

당신은 내가 남을 곳을
영롱히 비추는 달빛 속에서
제 자리를 오늘도 지켰습니다.

오늘도 끝내 잊지 못하는 그 곳에
이 몸을 철통 같은 밤을
이겨나갔습니다.
어머니
당신의 아들은 이곳에서
당신을 그립니다.
당신의 아들은 이곳에서
당신의 모습을 가슴에 품고
이 나라를 지키고 있습니다.

당신의 아버지처럼
나의 아버지처럼
저도 당신의 깊은 바람을
불러 보았습니다.
어머니.

어머니….
언제나 따듯하고
언제나 포근하기만 하던
당신의 가슴에서
마음의 낙원을 찾았습니다.

당신이 꼭 쥐어주었던 두 손
우윳빛처럼 깨끗하고
부드러웠던 당신의 손이
이제는 거칠어진 손으로
아들의 얼굴을 어루만져 줍니다.
마냥 늠름한 아들이 좋아
눈물만 흘립니다.

이 세상 어느 곳에도 두 번 다시
만나지 못할 당신이기에
밤이슬에도
이 밤을 이겨낼 수 있습니다.
사랑하는 나의 어머니….

- 1963. 10. 5.

# 31번 부딪쳐야 할 일

새벽, 고요한 적막을 깨는
기적소리와 함께
내 마음은 고향으로 달려가고 싶다.

하지만 아버지가 지킨 조국
이제는 우리 차례이기에
이 아들 전역하는 그 날까지

아버지가 걸으신 이 길
묵묵히 걸어가렵니다.

- 1963. 2. 23.

# 떠나가는 전우

축(祝) 전역, 오늘 또한 친구가 떠나갔다.
도회지에서 강원도 산골로
이제 다시 그곳으로.

고생했다는 인사말에 잔잔한 미소로
잘 사시오란 인사말에 또 한 번 미소로.

왠지 그 친구가 뒷산보다 커 보였다.
그 친구의 뒷모습을 보며
가만히 안녕을 기도했다.

- 1963. 10. 10.

## 고지에서

푸르름의 절정
이젠 꽃조차 푸른 꽃을 피울 때다.

흰눈 덮힌 고지 깊은 눈을 뚫고
푸른 것이 삐죽이 나왔다.

새벽 동은 멀었지만
깨어 움직이며 숨 쉬는 이 땅은
분주한 내 눈길을 다시 한 번 끌어당긴다.

두 발을 묻고 푸른 솔이 되어라.
이 땅은 나에게 이렇게 말했고
나는 이곳에 섰다.
고지에 섰다.

나를 이곳에 묻으리라.
내 푸르름, 이 땅에 스며들리라.

- 1963. 10. 15.

# 어머니

이제는 반 이상으로 가득 찬 은빛 머리칼에
힘겨움과 적적하심이 아련하게 맺히셨습니다.
반평생
자신의 분신 앞에 목 매달리듯 헌신하신 그분 앞에
이제야 비로소 머리 숙여 조아립니다.

초병으로 시작한 제 앞에서 보이시던
뒷걸음의 눈물 자욱이
이젠 커버린 장병으로의 모습 앞에
기쁨의 눈물을 흘리셨습니다.

해가 바뀌어 몇 해가 가서 또 겨울이 오면
그 옛날을 떠올리시며 자신보다
더 큰 자아를 살피시려
오늘도 고개 숙여 기도하십니다.
추운 날씨에 건강하기를….

- 1963. 10. 20.

# 통일의 아침

붉은 기운 휘돌며 망각의 잠에서 깨어나는
이 넓은 지평에서
저 태양을 가슴에 안고 상기된 얼굴을 마주본다.
전우의 얼굴에 맺힌 이슬의 방울들은
꿈결인 듯 사그라져 가고
단내 나는 입김과 영롱한 눈망울에 그날을 꿈꾼다.
새 숨결의 장을 연 통일의 아침을.

망망대해 속에 한 줄기 붉은 정기를 쫓아
숨 가쁘게 달려온 아픈 날들을 잊고
어깨를 추스르며
내 가슴이 네 가슴에, 네 가슴이 나의 가슴에
누리를 밝혀줄 내일을 꿈꾼다.
언젠가 떠오를 통일의 아침에….

- 1963. 10. 25.

# 전우

아침에 눈을 떠
바라보는 세상
산과 주위의 초목은
밤 사이 서리를 맞아
하얗게 변해 있으며
저 능선 너머로 떠오르는 햇살에
비추어진 모습은
또 다른 미를 창조해 낸다.

대한 팔도의 모든 이가 모인 이 곳
찌그러진 얼굴보다는 순수한 마음으로
그 속에서 밝아오는 얼굴
오고가는 이야기 속에서
따스한 정을 느낀다.

따스한 정을 주고받은 너와 나,
너와 나를 전우라 하네.
전우 사이에서 전우애가 피어나네.
전우야!
너와 나 군 생활 속에

아름다운 추억을 많이 남겨
먼 훗날 다시 한 번 얘기를 나눠보자.

- 1963. 10. 30.

## 전우 어깨를 감싸 쥐고

길을 잃어보지 않은 사람은 모르리라.
털털거리며 걸어간 오랜 길 끝에 멀리서
들려오는 전우의 따듯한 목소리.

별빛을 찾을 수 없는 폭풍우
막무가내의 어둠 속에서
누군가 맞잡을 손이 있다는 것이
나의 마음을 편안하게 해준다.

첩첩 산중에서의 밤을 맞아본 사람이 알리라.
그 산에 갇힌 몇 개의 작은 지붕이
거대한 산줄기보다 얼마나
큰 힘으로 어깨를 감싸는지

한 점 불빛이
우리 전우애를 시기하는 것이 아니라
계속 걸어 나갈 수 있도록 해주는
힘이라는 것을, 내 전우의 눈빛을 보며
나는 믿는다.

- 1963. 11. 5.

# 내가 지키는 것

지킨다.
에메랄드 빛 내 사랑
목숨을 건 우리의 우정
그리고 모든 이의 아름다운 추억을.

포물선을 그으며 날던 새도
태양을 따라 서쪽으로
점점이 사라진 지 오래
검은 밤에 푸른 별, 비를 맞아도
한겨울에 시린 바람을 맞아도

시간이 변해도
두 주먹 불끈 쥐고
지킨다.
나보다 더 큰 우리를.

- 1963. 11. 10.

# 불침번

별들도 잠이 든 고요한 새벽녘에
홀로 깨어 충정의 불을 밝히는
불침번
낮의 고단한 훈련에
깊이 잠든 신병의 모습
불침번의 눈빛에
따듯한 정이 스며 나온다.

불침번의 낮은 기상 소리에
패기 있는 관등성명을 대며
오뚝이처럼 일어나 근무준비를
하는 신병
초롱초롱한 눈빛으로 야간 근무를 나가는
신병의 머리 위로 새벽별도 잠이 깨
신병의 앞길을 비춘다.

- 1963. 11. 15.

# 행군

발걸음 소리

걸어도, 걸어도 끝이 없을 것 같은
10분간 휴식.
담배 한 모금 물한 모금.
몸속의 갈증, 고향 생각, 어머니 생각.
하지만, 하지만
끝을 향해 걷는다.

흘리는 땀, 해내겠다는 자부심.
그래, 난 행군을 했어.
그래, 난 반환점을 돌았어.
마지막 정류장에 도착한 거야.
항상 마지막이 새로운 시작이지만.

- 1963. 11. 20.

# 새벽 보초

불침번의 흔들림에 눈을 비벼
고이 잠든 전우들의 모습을 보며
전투화 끈을 마무리 짓는다.

현관을 나서면 세찬 바람이
나의 뺨을 스쳐 지나가지만
하나둘씩 켜진 별을 보며
난 오늘도 힘을 머금는다.

발걸음을, 어느덧 나의 자리,
전번 보초의 시린 손을 잡고
온기를 나누는 전우
우리들의 젊은 날을
조국을 위해 바친다.

- 1963. 11. 25.

## 바다에 보내는 편지

잔잔히 여울지는 표정은
지나온 그리움을 가득히
드리운 듯 슬퍼 보인다.

태초에 당신은 이곳을
만들 때 아마도 우리의 마음을
그곳에서 심고 싶었던 까닭에
우리네 가슴속에 울렁이는
바다의 감촉이 낯설지 않으리.

하늘이 검붉게 변해갈 무렵이면
그곳에는 내 어릴 적 쳐다보던
어머니의 옥색 치맛자락이
하늘하늘 춤을 추어 댄다.

당장이라도 안기고픈 그 곳에는
숨 쉬면 스며드는 어린 시절
그날의 그리움들로 가득하다.

잔잔히 여울지는 표정은
그 지나온 그리움을 가득히
드리운 채
말없이 고이 흘러간다.

- 1963. 11. 30.

4부
초병의 가슴

# 초병

새벽의 고요한 적막을 깨는
사나이 함성소리
차가운 새벽이슬
초병의 눈빛은
안개 속을 꿰뚫는다.

피 끓는, 젊은,
붉은 태양이 떠오르면
초병의 하루가 다시 시작된다.
진정한 용기와 신념
조국이 내게 준 선물이기에
선배들이 가꿔놓은 정신을
나는 이어 가리라.

- 1963. 12. 5. (63. 12. 1. 부병장)

# 그리운 이의 목소리

상심한 가슴 부여안고
두 눈에 혼돈의 핏발 서려
나의 존재와 부재의 의미도
망각의 의식에 묻어둔 채
육(肉)의 본질이 영혼의 세계를 덮을 즈음
아련히 들려오는 소리

아들아! 아들아! 내 장한 아들아!

피가 거꾸로 쏟고
뼈가 녹아내려 진토가 될지라도
맑은 하늘 푸름같이
갈라진 흙무지에 스민 빗물처럼
내 혼의 갈증 말끔히 씻어내
내 그리운 이의 목소리 있으니

아들아! 아들아, 내 장한 아들아!

- 1963. 12. 10.

## 다시 시작될 삶을 위하여

잊지 못할 그리운 추억과
후회스러운 날들의 기억들이
외지와 격리된 이곳에서 많은 아픔을 주고
손에 가득 차 있는 얼굴들이 백지 위로 스며든다.

생각지 못했던 어려움들이 육신에 부딪혀
때로는 빗속을 헤매며 어둠을 지우던 나날들
한정된 시간 그 안에 있는 자아를 보면
마냥 어리던 내 모습도
어느덧 대인(大人)이 되어가고 있음에
지난날의 모든 아픔, 삶의 기쁨과 사랑도
이제는 자아 속으로 생을 드리움에
또 다른 새로운 삶이 잉태되어
가고 있는 것이다.

가까운 훗날
다시 시작될 삶을 위하여
지금의 나는 바로 여기에 존재하는 것이다.

- 1963. 12. 15.

## 연병장에 서며

그을린 태양아, 나를 비추라!
연병장에 홀로 선 나무로
땀 흘리며 삶을 느끼리라

이글대던 꿈과 더불어
사랑을 남겨두고 오던 날
껄껄 반기던 막사의 그림자
앳된 전우의 얼굴들

취침 속 아련한 그리움
봄 되어 물 흐르고 산 살아나
다시금 들려오는 어머니 노래
조국 그리워 울던 타향새도
하늘 보며 부르노라.

연병장에 선다.
잘려진 허리를 이영차 묶어
한겨레 즐겁도록 춤을 추리라.

– 1963. 12. 20.

## 사선에서

시냇물 소리에 적막은
잠을 깨고
낯익은 별들이 하나씩
고개를 들고
매서운 한기를 몸에 적시며
조국은 내 것이라 전선에 나선다.
방아골 그림자에 사선을 지켜보며
그리운 이, 가슴에 품고
내일을 기약하며
귓가를 스치는 바람도
놓치지 않는다.
어제도 왔던 길
오늘도 가는 길
내일도 가야할 길
전선을 향하는 그 길에서
고향땅 부모님 편안한 잠자리를
생각하며
사선에 선다.

- 1963. 12. 25.

# 전우에게 한 마디

힘이 넘친다.
우리들의 투지와 패기에 힘이 넘친다.
그대들이여 어려움을 포기하지 말고 사랑하자.
멋있지 않은가?
우렁찬 군가소리와 산을 뒤흔드는 구보소리 힘찬 함성
조국이 우릴 보고 웃지 않는가?
새로운 희망의 미소를 띠고 있지 않는가 말이다.
훈련 속의 또 훈련, 10분간 휴식의 여유와 담배 한 개비가
우리를 천국으로 인도한다.
앞으로의 미래를 위하여 자, 뛰자! 백리구보를!
무엇이 두려운가?
우리에게 사랑하는 가족과 빛나는 조국
그리고 진정한 전우들이 곁에 있는데 말이다.
용기를 내어라.
어떠한 난관도 헤쳐 나갈 용기를.

- 1963. 12. 30.

# 야간 행군

온 몸에 묻어 나오는 땀내음
코끝에 와 닿고
쏟아지는 졸음과 갈증에
정신은 까마득….
천근만근 같은 포판은 남의 마음을
아는지 모르는지
마음은 이미 고향으로 향해
남쪽하늘 먼 곳에 계실 우리 엄마
어젯밤 꿈에 다시 뵈었네!
어느덧 대지는 초록 새 옷으로 갈아입어
가는 걸음 점점이 젊음의 자취 남아
별빛에 반짝이는 은빛가루
나풀나풀 흩날려 사라질 때
먼동 트는 이 산하에 바칠
피 끓는 청춘이여!

- 1964. 1. 5.

# 기갑찬가

더듬어 보라!
지순(至順)의 허리가 동강나던 잿빛의 새벽
비겁(卑怯)의 화염이
울 할매 손주소식 끊어 삼켰던
큰고모 가마타고 넘던 재 다리
잊히리이까!
하나, 턱수염 보송한 열 일곱 한여름
추수(秋收)께 혼약하려던 색시 달래고
화약 연기 속으로 입술 깨문 피 삼켜
나서시던 우리의 아버지 아버지들이시여
으깨진 당신들의 골육(骨肉)은
분노의 붉은 대로(大路)가 되어 북으로 치달았다.
멈추지 않는 그대 심장 고동(鼓動)의 연유(然由)는
그렇게 시작되었거늘
포성만 잠든 이 땅의 흙을 움키고
이젠 그대 영혼의 울음소리 들으리라!
불기둥 천지를 찢는 최선봉
이젠 기갑이여, 4천만의 푸른 대로를 놓으리라.
민족의 한을 등 업고
당신들의 진토된 혼에 기갑이 목숨을 더하리라

아아! 굳은 피들이 되어 초석으로 박혀도
반백년 수호의 화신이여, 영혼의 울음소리 들으라.
불멸의 기운이 북으로 물꼬를 터뜨릴 때
역사의 초석은 공격의 선봉, 기갑이었다.
오늘 소금기 어린 아버지의 땅을 치닫고
여기에 다시 성문으로 솟다.

- 1964. 1. 10.

## 향로봉

북극성 아래 고지를 넘으면서
반백년 녹슨 가시에 갈기갈기 부서져
억백(億百)의 각만큼 깊고 머언 한을 풀고
칼 갈던 고드름 뚝 끊어져 버리듯
그렇게 너는 곧추서서 몰려온다.

할퀴고 헤집는 고지마다
아버지들의 넓은 총알같이 일어선다.
감전된 개구리처럼 뜨끔 놀랜다.

마흔 다섯 해를 눈 뭉쳐지듯 부풀어
터지는 대포 같은 울음을
엉-엉 갈라진 아픔에
갈가리 갈라져 우는 아버지들의 대성통곡을….
아아. 나는 아직도 듣고만 있는가.

- 1964. 1. 15.

## 유신랑 천관녀 떠나던 날

동녘 밝아오는
나산 삼화령에 올라
마애삼존상께
차 공양할 때부터
그는 괴로웠던 것이다.

한나절
수리봉 암반에서
검법을 연마하면서도
내려치는 칼끝에
큰 기침 한번 실었을 때도

이미 달아난
마음은
다 잡아지지
않았던 것이다.

지난밤
어머니의 당부를
가슴에 새기고

몇 번이고 몇 번이고
잊으려 애썼지만

은행나무 그늘에 기대어
새겨둔
그녀 이름이 자꾸만
마음을 물려왔던 것이다.
천관녀….
시름을 잊어보려
춘추랑과 한잔하고 돌아오는 길

깜빡 스며든 꿈속에서
천관녀, 그리운 목소리 들려오고
그대여 용서하소서
사나이란
이따금 번뇌도 우수도
꾹 눌러버린 뒤
따라 가야할 길이
있나 보구려.
빌어도 보았지만

눈을 떠보니
필마의 발굽은
어느덧 천관의 뜰에
그를 내려놓았다.

네가 내 맘을 몰라주는구나!
노기로 말머리를 베어내고
이제는 숙명처럼
되돌아갈 길….

이제 그대가 아니라오.
삼한 일통의 과업을
그 꿈을
이 품에 안아야 한다오.
마침
함지를 알리는
황룡사의 대종소리….
가얏고 소리를 묻고….
유신랑은
9층 목탑을 올려다보았다.

그대여 천관녀여
9층 목탑의 기원처럼
삼국통일 되는 그날에
저 종소리 온 삼한에
퍼져 울릴 그날에
그대에게 돌아오겠소.

하늘엔
속 모를 밤 별들만이
초롱초롱 젊은 낭도의
앞길을 비추고….

- 1964. 1. 20.

# 봄 내음

노랗게 물든 담장 너머로 밀려드는
고향의 봄 내음
터질 듯 터질 듯한  꽃망울 속에
안타까운 이 마음 감출 길 없구나.
아직 잠이 덜 깬 듯
숨으려 드는 개구리 따라
내 동생 바삐 뛰어다니고
어머니 바구니엔
향기 가득 냉이 한 소쿠리
가물가물 아지랑이 사이로
마루턱의 아버지는 기지개 켜시네.

바람결에 실려 오는
노오란 고향의 봄 내음.

- 1964. 1. 25.

# 나라를 위해

따스한 미소를 머금은 어머님 모습
힘들 땐 어김없이 나를 일으키던 아버님 모습
마음속 깊이 간직합니다.

나를 사랑하고 내가 사랑하는 이들을 위해
나는 이곳에서 푸른 제복을 입고 서있습니다.

지금도 우리의 행복을 위협하는
눈빛이 있습니다.
시뻘건 눈을 번득이며
나를 응시하고 있는 무리가 있습니다.

우리는 무언가를 하고 있습니다.
나를 위해, 나를 사랑하고
내가 사랑하는 이들을 위해
그리고 나를 위해.

- 1964. 1. 30.

# 팔도 사나이

무지갯빛 사랑과 의리로
팔도 사나이들이 한자리에 모여
사랑과 의리를 꽃 피우는 곳 여기
안개 자욱한 오늘 아침도
우렁찬 군가 소리로
하루의 시작을 알린다.

같은 마음과 마음으로
오직 하나만을 위해 모인 이 자리.
그 누가 넘볼 수 있을까?
끈끈한 사랑과 의리로 담을 만들고
눈과 눈으로 사랑을 만들고
여기 이 자리 팔도 사나이들의
마음이 있는 화랑부대.

- 1964. 2. 5.

# 동행의 계절

사랑하는 사람들의 고독과 삶이
멈출 수 없는 호흡과 함께하고

관심 안에 있는 행복의 모두
침묵보다 더한

그리움이 서럽게 출렁이는
당신과 나만의 계절에
몸을 부딪치며 인간을 담아내려 하는
세상이 있어
우리의 행복을 이어갑니다.

내 생(生)에
가장 진실되고 깨끗한 정성만
모아서….

- 1964. 2. 10.

# 훈련병의 하루

집 떠나와 훈련소로 가는 날
가슴속엔 많은 아쉬움, 미련.
모든 것이 새롭고 또 새롭다.

낯설고 어색한 군화 군복
작아지는 나의 모습
모든 새로운 시작엔 힘과 고통이
따르리라.

새벽구보의 입김에 희미하게 새겨지는
부모님 얼굴 친구 얼굴.
앞산을 향해 외치는 함성.
밤하늘에 나팔소리 퍼지면
훈련병의 하루 저무네.

- 1964. 2. 15.

# 뜨거운 젊음

우리들의 심장은
최후의 연기를 다하여
타오르는 거대한 횃불처럼
영원히 꺼지지 않을 뜨거운 젊음을 발하리라.

차디찬 눈발과 어우러진
바람 부는 겨울날.
우리들의 흐느낌처럼
고요가 가득한 밤에
애국충심을 발하여
젊음을 불사르노라.

청춘을 불사른
이 나라의 젊은 영혼들이
충실하고 흔쾌한 표정으로
겨울과 메마른 대지에
뜨거운 불길을 지펴 주리라.

- 1964. 2. 20.

# 군화

이미 폐품이 되어버린 너를 보면
지난 옛일이 생각난다.

첫 행군 때 힘들어 쓰러지려 할 때
선임병의 부축임
산악 구보할 때 무겁게만 느끼며
너를 미워한 적도 있었건만
언제나 나의 발을 보호해준 너는
나의 고마운 친구.

이제는 나의 곁을 떠나
새로운 모습으로 다시 태어나
누군가에게 귀여움을 받겠지.

너를 보면 지난 추억에 젖어
입가에 웃음을 머금는다.

- 1964. 2. 25.

# 청룡비상

소용돌이쳐 밀려온다.
온 세상의 어둠이 적막을 깨뜨리면서
온몸에 푸른 광채를 발산하며

두 눈에 태고의 신비를 간직한 채
온갖 역경을 다 헤쳐 가면서
모든 사악한 무리들을 물리치면서
동터 오는 새벽을 만드는
나는 너를 청룡이라 명하노라.

- 1964. 3. 5.

# D.M.Z.

그건 험준한 사막이었다.
간간이 얼어간 낙타의 숨 가쁜 자국만
남아 있을 뿐.
이젠 아물어 가는,
그렇게 잊혀져 가는
우리의 상흔들이 원혼이 되어 호곡하는
소리의 행진이 그곳엔 있다.

밤과 낮
용렬하게 때론 숨죽임의 적막함으로
원혼의 제사를 울리는 무리들.
그들의 생은 사막의 한 모서리에 묻었다.
저마다의 지팡이를 쥐고
침묵의 순례를 행하고 있다.
깜박이는 진혼곡이 멀다.

- 1964. 3. 10.

# 별바라기

나는 저 꺼질 듯이 반짝이는
아주 조그만
작은 별을 사랑한다.
내 모든 것 주어도
모자랄 듯이 빛나는
아주 조그마한
나의 별을 그린다.
언젠가 다가 올
많은 날들을 위해
빛나고 있을
작고 무수한 바람의 꽃들은
오늘도 어둠 속
바람을 재운다.
나는 저 꺼질 듯이 반짝이는
아주 조그만
작은 별을
그리운 나의 별을 사랑한다.

- 1964. 3. 15.

# 그리움

어색한 뒷모습에 가슴은 흐려오고
무거운 군화자국 추억을 밟아본다.

한 방울같이 흘린 힘겨운 땀방울에
너와 나 가슴속은 뜨겁게 타오른다.

희뿌연 담배연기 세월은 무상하고
진달래 피고 질 때 나 또한 커 가는가.

돌아선 전선에는 오늘도 비가 오고
저만치 내다보며 고향땅이 반긴다.

- 1964. 3. 20.

# 새아침

기상 나팔소리에
전투화를 질끈 동여매고
어느 때보다 의미가 새로운
아침 해를 품으니
더욱 더 두터워지는 조국애
한해를 보내고
또 한해를 다짐하며

지난날의 전우들을 반성하고
새로운 전우들을 계획하며
타오르는 하나의 불덩이 아래
땀 냄새로 어우러진 전우애
또 다시 다짐하리라.
저 태양이 떠오르는 동안
우리의 자리는 변함없으리.

- 1964. 3. 25.

# 할아버지의 소원

밤마다, 밤마다
할아버지의 무덤가에는
노오란 달맞이꽃이 피어납니다.

새파란 손자 품에 자는
까만 밤중
할아버진 하얗게 깨어 소원합니다.

저 하늘이, 이 하늘이, 하나 되는 날
철조망 너머
당신의 고향 언덕에 묻혀지는 날을.

노오란 그 꽃 한 잎 한 잎에
그날 되게 하소서.
소원 실어서
저 달에게 할아버지는 빌어 봅니다.

이제는 먼 곳으로 가신 당신의
그 마음 내 것 되어 빌어 봅니다.
모아진 두 손 위에 당신의 뜻은
노오란 그것 되어 피어납니다.

밤마다, 밤마다
할아버지의 무덤가에는
노오란 달맞이 꽃이 피어납니다.

- 1964. 3. 30.

## 전역병들을 위한 시

우리는 알고 있습니다.
그대들의 순수하고
하늘을 우러러 한 점 부끄럼 없이
살려고 노력했던 순간순간들을

인내와 희생으로 아름다움을 지킨
그대들의 모습 모습들을….

그러하기에 우리들은 설 땅이
있을 것이며 희망을 간직할 겁니다.

사회에 내딛는 발 한걸음 한걸음에
신의 은총이 그대들에게
영원히 머무르길 간절히 소망합니다.

- 1964. 4. 5.

# 초병의 가슴

어머니의 편지를 읽고 자리에 눕다
눈 비비면서 나서는 경계근무
내가 지금 서 있는 이 자리
그래 아버지께서 계셨던 자리구나!

밤하늘 별과 함께 이 밤을 지새우는
겨울 초병의 눈빛
조국 사랑을 가슴에 안고
찬바람 이겨가며 조국을 지키는
초병의 가슴은 언제나 뜨겁다.

- 1964. 4. 10.

# 새벽

매서운 삭풍을 비집고 들려오는 음성들
이른 새벽 뜨거운 고동소리가
벌거벗은 젊은이들의 가슴 가슴마다 메아리친다.

아직 동이 트기 전이지만
천지의 고요함은 서서히 합성으로 물들어 가고

산과 들에 스며있는 조국의 영령들이
하나 둘 깨어나 우리를 지켜보는 듯

조상의 면면한 애국심에
홍조 띤 함성들이 온 산하를 메아리쳐 울린다.
우리가 있는 곳에 조국이 있다.

- 1964. 4. 15.

# 초병의 숨소리

새벽 뿌연 안개 몰아내는
태양의 숨소리.
깎아지른 절벽, 바람에 울리는
노송의 숨소리.
산야를 메아리치는 함성으로
하늘로 솟구치는 해일의 포효로
거칠지만 차분하게
작지만 뚜렷하게
산맥을 타고 사선을 넘어
북으로, 북으로!
1백 60리 가로 질러 들리는 소리
조국의 끊임없는 맥동소리
영원한 충정의 소리
초병의 숨소리.

- 1964. 4. 20.

## 초소에서

칠흑 같이 어둔 밤
고요한 정적 속에
뼛속 가득 스며드는
차디찬 겨울나기

어스름한 새벽미명
싸늘한 바닷바람
붉게 타오르는
찬란한 태양빛
굳게 부여잡은
초병의 억센 두 주먹
강렬하게 타오르는
애국의 두 눈빛

영롱하게 밝아오는
환희에 찬 고요 속에
가슴 가득
전율로 다가서는
한없는 조국사랑.

- 1964. 4. 25.

## 새벽길의 철쭉꽃

모진풍파 오랜 세월 끈기와 인내로
바위틈에 피어 있는 철쭉꽃 송이송이
색동옷 갈아입고 얼굴에 화장하고
슬픈 마음 위로하고 기쁜 마음 반겨주네.

엄동설한 추위 속에 닦아온 인내로
돌담 밑에 피어있는 철쭉꽃 여러 송이.
몸치장 아름답게 얼굴에 분장하고
괴로운 일 덜어주고 즐거운 일 함께 하네.

- 1964. 4. 30.

# 투혼의 출정

뜨거운 의기로
굳게 쥔 소총
그을은 얼굴에
철모를 눌러 써
병영을 나서는 푸른 발걸음

불타는 투지로
폭염에 몸 던지면
마주치는 초목마다
불꽃이 튀고
온몸엔 소금 한 사발

끓는 젊음에
심장이 부딪치고
더운 숨결 토하며
하나의 결을 다진
너와 난 전우.

- 1964. 5. 5.

# 초병의 달

별빛 비친 저 산하
별빛을 머금은 달빛 아래
초병은 오늘도 하루를 보낸다.

가슴에 타오르는 젊은 혈기는 달빛을 향하고
고향에 두고 온 향기를 그리워하며
어둠이 드리운 연병장을 비추인다.

수많은 별빛을 받아서인가.
수많은 젊은이의 바람으로 닦았기 때문인가.
구름 속에 가리워도 환한 달빛은
여전히 고향에 계신
부모님의 모습을 비추고 있다.

- 1964. 5. 10.

# 전선의 꽃이 되리라

나를 불태워 사랑을 만들고
그 사랑을 전선에 심는다.

피어오르는 포연 속
한줌의 정이 되어
강을 이루고

그 강을 방패삼아 전진한다.
앞으로, 앞으로.

나를 불태워 방패가 된다면
나는 기꺼이
전장의 꽃이 되리라.

피고,
영원히 지지 않을
한송이 화염 꽃이 되리라.

- 1964. 5. 15.

# 5부
## 어머니의 얼굴

# 군인이 되고

철든 모습을 바란다던
힘없이 나약한 다짐들이 싫다던
다 자라지 않은 여린 가슴
군복 입고 철모를 썼다.

이곳과 그곳이란 차이를 말하며
힘든 시간 꼭 한 번씩
사랑하고 사랑받던
사람들 하나 하나를 떠올렸다.

딛고 선 땅이 달라
멀어진 내 주위의 모두를
가슴속 깊은 믿음에 기대어
변함없기를 바라왔다.

웃음의 여유가 주어질 때면
눈앞을 가득 채우는 모습들
다만 추억으로 자리한 시간 속에
아름다운 그들을 알기에 행복하다.

- 1964. 5. 20. 8전차 대대 2중대(천도리)

# 기동

멍들은 별빛 아래
멀리서 들려온 장갑차 기동소리
안개 속을 가르며
욕망을 향해 질주한다.

추위를 반가워하는 병사들은
온몸으로 추위를 맞으며
동료들의 어깨를 두드리며
추위와 싸운다.

안개속의 라이트 빛은
병사들의 기(氣)와 같은 기운이며
장갑차의 기동소리는
병사들의 함성이다.

- 1964. 5. 25.

## 태극기를 내리며

저물어 노을 드는 하늘에
하루 내내 바라본
그대가 있었다.

아침 일찍
하늘에 그대를 걸어두고
그대 아래
바로 국토라는 이름의
땅을 밟고 땀을 흘렸다.

고개 들어
휘날리는 그대를 보며
생각한 것은
언젠가 북녘의 땅에도
꽂혀있을 꽃송이였다.

이제
저무는 하늘에서
하루 내내 바라본 그대를 내린다.

언젠가
북녘의 하늘에서 휘날리는
그대를 생각하며…….

- 1964. 5. 30.

# 6월에

화약 냄새 가득했던
이 고지에
오랜 세월 꽃이 되어
찬란하게 피었다.

붉은 피 물결 되고
숨 막히는 눈물 고여 외치던
그 함성이
바람 되어 불어왔다.

뜨거운 태양 뜨고 지던
6월의 금수강산
잊지 못할 그날들이
비수되어
가슴속에 살았다.

당신의 영혼 앞에 무릎 꿇은
유월 하늘이 높다.

- 1964. 6. 5. (하사 임관 6월 1일) 8전차.

# 조국이 믿는 것은

눈부시게 푸르른 조국 하늘 아래
겨레의 통일과 번영의
새날을 열기 위해
오늘도 고군분투하는 그대들은
조국의 부름 받아 역사 앞에 우뚝 선
산맥 같아라!

험준한 산막에 도도한 강물은
그대들의 고향
결코 장애가 될 수 없나니
그대들은 뚝심으로 일어서는
불굴의 화신이어라.

거센 적들의 공세에도
한걸음 물러섬 없이
끝끝내 승리의 화신이 되리니.
바로 이 순간 그대들은
그 옛날 찬란했던 발해의 땅을
기억하고 있구나.

- 1964. 6. 10. (7전차 대대 전입, 경기도 포천군 초성리)

# 조국과 나

나라를 지키기 전에
나를 지킬 줄 알아야 하고
총을 다루기 전에
손을 다스려야 한다.

국가의 논쟁에 귀 기울이지 말며
전선을 감시하여야 한다.
우리들의 젊은 시절
아쉬워하지 말고
남은 시간
무엇을 비워야 할지 생각하라.
무엇이 중요한지 스스로 깨닫고
자신에게 물어보라.

너와 나 지키고 있는 것은 조국이고
세워야 하는 것은 자신의 의지임을….

- 1964. 6. 15.

# 푸른 제복

포대를 가르는
함성소리에
우렁찬 패기를 느낄 때
머릿속은 부드러워진다.

평범한 장난에도
철저함을 보이는
동생과 같은 후임병을 볼 때
뿌듯함을 느낀다.

꽃편지 속에 실려 있는
여자 친구는
군인만이 가진 특권이리라.

이 순간
푸른 제복을 입고 호흡하는
모든 시간은
깨끗이 비운 영지(領地)가 된다.

- 1964. 6. 20.

# 저녁 풍경

주둔지 파고드는 칼바람
얼어붙은 눈보라 휘날리고
연병장 가로지르는 함성소리
오늘도 하루를 마감한다.

반복되는 일과로 투덜거리는
너의 그 모습 내가 되어
산등성 너머로 달이 뜨면
물새들 자맥질 부산하고

휘휘 비비며 둘러앉아
충혈된 눈 비비고 쳐다본 하늘 끝에
다부지게 서 있는 그림자 있어
조국강산 그 아래 편히 잠든다.

- 1964. 6. 25.

## 저녁 하늘

높은 산 계곡 아쉬운 한 호흡에
붉은 빛 저녁노을 피어나고
먼데서 날아든 검푸른 그림자
하늘빛 아름다움에 묻어 뚝뚝 떨어졌습니다.

하루에 지친 욕심 회색 구름 뒤 날려 보내고
곧게 선 담 너머 불어오는 쪽빛 그리움
가슴 하나 가득 저려 오면

빽빽이 둘러쌓은 산 한자리
동그스레 익어가던 햇볕은
긴 숨을 내 뿜고 황혼의 이불을 덮습니다.

이제 또 하루 넘겨지고
은빛 방울 쏟아지는 새날이 펼쳐지면
아름아름 감도는 미소는 오늘의 추억
따스한 그 손길만이 내 희망입니다.

- 1964. 6. 30.

## 청룡 무지개

폭우의 폐허 속에
주저앉은 시민들
수마의 상처를 감싸기 위해
우리가 간다.

간절한 기도처럼
폐허 속을 누비는
청룡의 손과 발
민. 관. 군
용기와 의지의 손 맞잡고
출렁이는 절망을 건너자.

푸른 하늘, 맑은 미소
되찾기 위해
청룡의 검은 얼굴
구슬땀 흘린다.
기-인 밤의 태풍 지나
무지개 뜬다.

- 1964. 7. 5.

# 하얀 손수건

짧은 머리 막내아들 군대 가던 날
하얀 손에 못 박힌 손 얹고
다 큰 아들 철들러 가네.
구부러진 허리 애써 펴시며
손수건 곱게 감아 쥐셨지.

이제는 가야지
모질게 마음먹고 발길 돌릴 때
내 새끼 한 번 더 보자.
내 새끼 한 번 더 보자.
숨죽여 눈물 닦으셨지.
하얗게 손수건 물들이셨지.

- 1964. 7. 10.

# 안개

아침나절 자욱이
대지와 궁창과
내 온 몸을 감싸 안으며
푸근한 듯 싸늘함으로

작은 알갱이들이
줄을 지어 이리저리
보일 듯 잡힐 듯

그렇게
세상을 그렇게
다 그렇게

차라리 이게 낫지
보이지 않음만큼이나
아름다운 상상을
할 수 있을 테니.

- 1964. 7. 15.

# 슬픈 바다

안녕이라 말을 건넬 틈도 없었다.
그들에 대한 인기척은 다만
말없이 응시하는 6개의 눈빛들이 의해서

다시 그들을 알아보고
다가서려다 흠칫 놀라 물러선다.
자신을 향해 있는 검은 친구와
그들의 심상찮은 분위기에
놀라지 마라 슬픈 바다야.
인사도 못 건네고 너에게 다가섬은
내 어깨에 얹힌
수많은 이들의 평안 때문이다.

놀라지 마라 슬픈 바다여
너를 향한 상기된 눈빛과 싸늘한 총구는
바로 널 지키기 위함이니까.

- 1964. 7. 20.

## 전우

태어난 곳
살던 곳
같은 곳 없지만
우리는 전우

생긴 것
말하는 것
똑같은 것 없어도
우리는 전우

어떠한 고통과 죽음이
올지라도
함께 할 수 있는
우리는 전우

- 1964. 7. 25.

# 편지

호롱불 아래서 쓰셨는지
당신 손등 주름보다 더 구불구불한
글씨, 또박또박 힘주어 쓰신
한 장의 당신 사랑.

두고 온 하늘 아래
어색하게 짧은 머리를 숙이며
떠나는 저를 보시는 당신을
뒤돌아보지 않았던 것은
당신이 미워서가 아닙니다.
당신의 눈물을 차마
볼 수가 없었기 때문입니다.

오늘은 이제 그 말을 하겠습니다.
가슴속 한 구석에 처박혀
이젠 꺼내기조차 쑥스러운
그 말을 편지 한장에 써 보내렵니다.
어머니, 사랑합니다.

- 1964. 7. 30.

## 색(色)

너, 나, 우리…, 모두
본연의 아름다운 색이 있다.

조화의 붓으로 도화지에 색칠하면
우리의 색은 더욱 빛날 텐데….

너만의 색, 나만의 색인(索引)
새하얀 얼굴의 K이병, 새빨간 얼굴의 P상병….
삭막한 도화지 속 우리의 모습들.

너와 나, 우리 모두의 색인.
연분홍빛 얼굴의 K이병, P상병….
정겨운 도화지 속 우리의 모습들.

아름다운 그림! 그것은
너, 나, 우리…, 모두
본연의 색을 조화의 색으로 만들어 가는 것.

- 1964. 8. 5.

## 촛불

한 조각의 몸을 빛으로 꽃피우는 촛불
피워도 맺지 못할 꽃으로 살아
적막한 어두움과 어두움 사이에 서서
하루와 하루를 영혼으로 맺는다.

그 자리에 맺혀
그 자리로 사라져 가는 한 방울의 이슬
이 밤도 소리 없이 꽃잎 하나에 잠이 든다.

산새의 울음소리에 몇 발자국
자리를 옮겨 가는 계절 사이로
문득 달려오는 바람을 껴안으며
조국의 눈동자 속으로 떠나는 검은 그림자.

어느 한 초병의 마음은 백설보다 흰데
촛불은 은빛고기 한 토막으로
부지런히 조국을 넘나들고 있다.

- 1964. 8. 10.

# 별 하나의 어머니 얼굴

높은 곳 우뚝 솟은 도시의 기둥 하나

기둥에서 굽어보는 철모 눌러쓴 초병의 얼굴 위
초저녁 소나기에 마지막 시간
불빛 하나가 눈동자에 떠오르고
낮게 내린 먹구름 그 아래
솟아 있는 가로등.

높은 하늘 구름 사이로 별 하나 떠 있으면
가슴에 새겨지는 별 하나의 고향, 어머니 얼굴
어둠속 그 어느 불빛보다 영롱한 어머니의 빛은
고개 숙인 초병의 얼굴에도 가득 피어오른다.

- 1964. 8. 15.

# 어머니

하얀 사진 속
당신이 그토록 아름다우십니다.

티 없는 눈가엔
세상 모든 사람들이 모여 있습니다.

그리고 당신의
온 가슴은 흙투성이
자갈길이라는 걸 잘 압니다.

그러나 둥지엔
흙 하나 묻지 않은
철없는 아이가 있다는 것도

내 가슴속 당신이
점점 작아져 갈 때쯤
아마 그 아이의 삶도
작아져 갈 것입니다.

- 1964. 8. 20.

# 어머니

편지를 쓰다말고
어머니를 생각한다.

"엄마, 갔다 올게요!"
말없이 고개만 끄덕이시며
대문 밖으로 나오지도 않으셨다.
그 날, 어머니는 밤새
눈물을 흘리셨을 게다.

집으로 처음 편지를 보내던 날
'엄마'는 어느새
'어머니'가 되어 있었다.
"갔다 올게요"도 어느새
"잘 지내고 있습니다."가 되어 있었다.

편지가 도착한 날
"인석 제법 어른스러워졌구나"
어머니는 또 한 번
눈물을 흘리셨을 게다.

- 1964. 8. 25.

## 조국

조국이여 슬퍼 마오.
젖은 소매 마를 날 있으니
온 누리 마른풀 저마다 소리쳐
푸른 날 있으니

조국이여 슬퍼 마오
내 항상 그대 곁에 있으니
이 시절 언제나 넉넉한 미소로
그대 곁에 있으니

옛 조국의 피눈물 그리움 따라
기꺼이 내딛는 걸음
걷어 올린 팔소매
다시 움켜쥔 두 주먹

조국이여 슬퍼 마오
그대의 눈물 마르기 전에
이 아픔 모두어, 흐느낌 모두어
밝아올 새날 통일의 날 있으리니.

- 1964. 8. 30.

# 사랑보다 소중한 조국

나는 당신을 진정으로 사랑했지만
조국의 부름을 영광스레 생각하며
대한의 아들로 이곳에 왔습니다.

당신의 사랑을 뒤로 하긴 힘들었지만
이 땅의 평화와 안전을 기원하며
오늘도 북방의 하늘을 바라봅니다.

당신과 헤어져 지내는 건 슬프지만
그대와 조국의 행복을 소원하며
내 청춘 다 바쳐 이 땅을 지키렵니다.

그대가 나에겐 소중한 존재지만
분단된 조국의 통일을 꿈꾸며
전역하는 그날까지 여기에 있으렵니다.

- 1964. 9. 10.

## 병영의 아침

서리가 내렸습니다.
세상을 하얗게 만들었습니다.

떠오르는 태양이
보석으로 꾸며 놓았습니다.

까맣고 하얀 줄무늬 새가
세상의 기쁨을 알리며 날고

조그만 참새 떼들도
아침을 반깁니다.

모두가 하나 되어
들려오는 함성소리

맨살을 드러내고 땅이 꺼져라
희망의 대지를 뛰어갑니다.

- 1964. 9. 15.

## 정적

서늘한 겨울 내음 사이로
밤이 깊어오면
오직 불침번의 조심스런 군화 자취만이
은연히 들려올 뿐
모두가 고요 속에 잠이 든다.

좁은 문틈 사이로
선연한 불빛이 스며들 때쯤
낮은 천장의 취침등 아래로
하루에 그을린
전우들의 얼굴이 숙연하다.

그네들의 굳게 다문 입가에는
가슴속 포부가 배어 있고
당당한 용진의 기세가 서려있다.

그리고 그네들이 곧게 감은 눈망울엔
내일을 향한 의지가 사뭇 충만하다.

- 1964. 9. 20.

# 희망

목표와 희망은 있어도
삶의 자세가 올바르고
바르게 살고,
정직하게 살아야 한다.

명예와 감투는 잃어도
친구와 동료들
이웃과 이 민족을
숭고하고 위대하게
희망으로 승화시켜야 한다.

용기와 의욕이 있어도
삶의 명예가 바르지 않고
올바르지 않으면
감투는 민족을 욕되게 한다.

- 1964. 9. 25. (동료와 함께)

# 두꺼비 탐제

팔월 보름이면 환히 비치는 달빛이 그리워, 마냥 즐겁기만 하던 어린 시절 삼삼오오 짝을 지어, 동구 밖 다리에 모여 나이대로 다리 양끝을 왕복 뛰면서 숨을 죽이며 건강을, 소원을 빌었는데 풍물소리 저녁노을에 어른아이 할 것 없이 모이는 곳 동구 밖 느티나무 밑에 소복단장한 할머니, 어머니, 어른들은 상쇠소리 장단 맞추어 두 손을 합장하고 비는 사람, 절하는 사람, 탐제와 거리제, 신명꾼과 함께 보름달 불꽃놀이 주위를 돌면서 한해를 빌고 있는 사람, 모든 사람들이 정자나무 밑 두꺼비 탑에 둘러싸여 밤 깊을수록 한해의 무운과 가정의 행을 비는 소박한 할머니의 모습이 저 혼자 피었다 사라지는 들국화 마냥 탑 속에 두꺼비 빛이 그리워 영원히 행운과 복을 너에게 전하리.

우리 가정 우리 집안.
우리 동네
무운 장수를 두꺼비가 지키리라.

- 1964. 9. 30. (음력 8. 15. 부락축제)

# 아버지의 고귀함

아버지 사랑을 알기도 전에
아버지 그리움을 알기도 전에
아버지 인자하신 그 모습을
아버지 삶에 단 한 번인 줄 알면서
아버지 역경에 총과 벗 삼아
아버지 전쟁에 처절함을 알면서
아버지 고귀한 피 나는 보았노라.

아버지 생에 단 한 번인 줄 알면서
아버지 사랑을 느끼기 전에
아버지 너그러움을 알기도 전에
아버지 불꽃 튀는 총탄 속에
아버지 우렁찬 목소리가
아버지 명예의 고귀함을 알면서

- 1964. 10. 5.

## 소설(小雪)

자연의 겨울에 살며
휘날리는 하얀 눈송이
64년 첫눈이 천지를 뒤덮는 듯
포근히 가슴에 살며시 땅위에
초겨울 백색 꽃다지 꽃은
내 모습이어라.

오늘은 소설(小雪)인데
작은 겨울 동산에, 눈 동산에
노니는 망아지처럼
초겨울마냥 즐거워라.
눈나라 눈 속에 살며
눈 언덕 밑 비탈길에 썰매와 아이들
동심이 휘몰아치듯

비바람을 세차게
눈 언덕을 온천지를 피어난 눈꽃처럼
내 꿈을 키우는 소설(小雪)이라.

- 1964. 10. 10. (첫눈 맞는 소설(小雪))

# 평화

바다
내 조국을 둘러싼 끝없는 고요
정적과 평온을 품은 네 모습
내 서있는 이곳에서
너의 영원한 그 모습을 지키겠다.

하늘
내 조국을 뒤덮은 광활한 기상
해와 달을 안은 네 모습
내 서있는 이곳에서
너의 영원한 그 모습을 지키겠다.

땅
내 조국의 흙이 된 묵직한 가슴
조국과 우리를 바친 네 모습
내 서있는 이곳에서
내 영원한 그 모습을 지키겠다.

- 1964. 10. 15

# 눈 덮인 산하

눈이 쌓은 산마루에
등산객도 아닌 나는
한없이 헤매는 나그네처럼
오르는 그 기분
비탈진 숲 사이에
숨어있던 산토끼 한 마리
잠에서 깬 듯 깜짝 놀라
허둥지둥 적막을 깨뜨리며
눈 덮인 산하를 누비는구나.

산마루에 덮인 하얀 눈
포수도 아닌 나는
정처 없이 헤매는 나그네처럼
시원한 바람결에
계곡과 계곡 사이 하얀 꽃구름 송이
눈 덮인 산하
산골 사이 고요한 적막을 깨뜨리며
겨울날의
영원한 꿈이 되고 싶다.

- 1964. 10. 20.

# 겨울

눈이 녹는 것을
서글퍼하는 마음
눈이 지는 것을
아쉬워하는 마음
이 마음이 겨울을 사랑하나 보다.

사랑하는 겨울
오래 간직하고픈 겨울
겨울이 가는 것을
서글퍼 하는 마음
눈이 없는 것을
허무하게 느끼는 마음
겨울엔
포근한 눈이 있어야 하나보다.

- 1964. 10. 25.

## 10월의 시(詩)

헐벗은 산
부끄러움 감추라고
새하얀 눈이 소복소복 쌓인다.

모난 돌덩이 하나
불쑥 고개 내밀다가
금세 자취를 감춘다.

이제 사상은 평정
온 땅덩이 하나 되어
은빛으로 출렁거린다.

마음을 다 잡은 사람
사람들의 포부는
제 각각이 되어도
우리 국군의 한결같은 염원은
부국강병 민족통일!

새날 이어지고
동트는 새벽 맑은 달이

장엄하게 솟구치는 10월
이제 우리는 울렁거리는
그 무엇으로 하나가 되어
그래서 이 벅찬 10월의 노래를
탁 트인 가슴으로 노래하리라.

진정
돼지꿈 하나 가득
풋풋한 10월을 사랑하리라.

- 1964. 10. 30.

전선의 발자욱

김만기 시집


발 행 일 | 2018년 11월 30일

지 은 이 | 김만기
발 행 인 | 李憲錫
발 행 처 | 오늘의문학사
출판등록 | 제55호(1993년 6월 23일)
주　　소 | 대전광역시 동구 대전로 867번길 52(한밭오피스텔 401호)
전화번호 | (042)624-2980
팩시밀리 | (042)628-2983
전자우편 | hs2980@hanmail.net
카　　페 | cafe.daum.net/gljang(문학사랑 글짱들)
| cafe.daum.net/art-i-ma(아트매거진)

공 급 처 | 한국출판협동조합
주문전화 | (070)7119-1752
팩시밀리 | (031)944-8234~6

ISBN 978-89-5669-966-0
값 12,000원





* 이 책은 교보문고에서 E-Book(전자책)으로 제작하여 판매합니다.

* 잘못 제작된 책은 바꾸어 드립니다.